현대시 읽기를 위한 이론

윤지영 지음

신아사

서문

대학에서 시론을 강의한 지 올해로 꼭 10년이 되었다. 처음 몇 학기 동안은 기존의 시론서 몇 권을 바꿔가며 교재로 사용했는데 곧 그만두었다.

기존의 시론서의 내용이 충실하지 못하거나 이론적으로 문제가 있어서는 아니다. 오히려 그 반대다. 시에 대해 오랫동안 진지하게 연구해온 전공자들이 집필한 것인 만큼 내용도 풍부하고 수준도 높다. 기본적인 개념 정리가 잘 되어 있는 책, 개념들을 독자적인 관점으로 체계화한 책, 작품의 예시가 풍부한 책, 최신 이론과 작품을 망라한 책 등, 저마다 개성이 분명한 시론서들이 차고도 넘친다.

문제는 대부분의 시론서가 대학생을 대상으로 하는 강의에서 소화하기에 지나치게 분량도 많고 전문적이라는 사실이었다. 가뜩이나 시에 대해 친숙하지 않아 어려워하는 학생들이다. 시 연구자들에게는 일상어나 다름없는 개념들이 그들에게는 외계어만큼 낯설다. 어려우니 충분히 이해하지 못한 채 개념들을 암기하고, 암기한 것을 이해했다고 생각한다. 중고등학교 때 암기한 것에 덧붙여진 이런 지식들이 오히려 시를 감상하고 이해하는 데 방해가 되는 것 같았다.

그것까지는 괜찮다. 암기도 중요한 배움의 방법이고, 개념이란 단번에 이해할 수 있는 것도 아니니 말이다. 이해가 안 되더라도 일단 머릿속에 집어넣고 두고두고 곱씹으면 된다. 나도 그렇게 공부했다. 그러나 이런 노력과 수고를 모든 학생에게 바랄 수는 없는 일이었다. 대학원에 진학하지 않는 이상 대부분의 학생들에게는 그럴 기회가 없다.

이런 이유 때문에 따로 교재를 정하지 않고 수업을 해왔다. 시론의 주요 개념은 강의로 설명하고 그와 관련된 예작들만 제공하여 학생들이 직접 작품을 감상하면서 개념들을 이해하도록 했다. 그러나 또 다른 문제가 있었다. 실제 작품의 감상을 통해 개념을 이해해도 언어로 논리화시키지 못했다. 강의만으로 이론적 배경을 충분히 설명하는 것도 불가능했다. 이해한 것을 언어로 설명할 때 참조할 수 있고, 혼자서도 공부할 수 있는, 평이한 언어로 기술된 시론서가 필요했다.

이런 오랜 시행착오와 고민 끝에 집필하게 된 책이라 다음과 같은 점들을 고려했다.

첫째, 최신 이론까지 섭렵하기보다는 널리 합의된 기본적인 견해를 담으려고 했다. 다양한 개념들에 대한 상충하는 논점들을 세밀하게 비교하고 따지다 보면 시에 대한 기본적인 관점을 정립하는 데 오히려 방해가 될 거라고 생각했다. 각주를 최소화한 것도 이런 이유 때문이다. 모든 이론을 체계화하기에 더 많은 공부가 필요하기도 했거니와 독자에게 중압감을 주고 싶지 않았다.

둘째, 시론의 주요 개념들을 하나의 체계 속에서 이해하도록 구성했다. 시론의 핵심 개념들을 하나의 체계 속에서 이해하는 것이 한 편의 작품을 다양한 요인들의 복합적인 효과로 이해하는 데 도움이 될 거라고 생각했기 때문이다. 기본 개념에 충실한 시론서들은 많았지만 대부분 개념들을 열거하는 식으로 소개하는 게 늘 아쉬웠다. 시는 대화의 일종이며, 언어를 낯설게 만든 대화라는 것이 이 책의 기본 뼈대이다.

셋째, 예작을 최소화했다. 구체적인 작품을 예로 드는 것은 개념을 이해하는 데 도움이 된다. 하지만, 기존의 시론들은 작품 전체가 아닌 일부만을 인용하여 관련 개념을 설명하는 방식이 대부분이다. 이러한 방식은 개념들을 단편적이고 평면적으로 이해하게 만들거나 예작의 틀 안에서만 이해하게 할 위험이 있다.

이러한 점들에 유념하여 이 책을 크게 세 부분으로 구성했다. 제1부는 시의 기원과 시의 일반적인 특징을 다룬다. 시에 대한 다양한 정의 및 그에 따른 접근법들을 살펴봄으로써 시론이 왜 필요한지, 시론을 어떻게 작품의 분석에 적용할 수 있는지를 소개하는 것이 목적이다. 한 편의 시를 총체적으로 이해하기 위해서는 시대와 시인의 생애, 그리고 다른 작품과의 관계까지 아울러 살펴야 하지만, 그보다 먼저 한 편의 시를 꼼꼼하게 감상하고 분석하는 것이 필수적이며 시론은 이 과정에서 매우 중요한 도구라는 점을 강조하였다.

제2부는 시의 이해를 위한 기본적인 관점을 수립하는데 할애했다. 시를 대화의 하나로 보는 것이 그것이다. 시가 대화의 일종이라는 관점 자체는 새로울 것이 없다. 그러나 이제까지의 시론들은 이러한 명제를 시론 전체를 관통하는 체계나 원리로 보기보다는 주로 시의 속성 가운데 하나로만 다룬다. 대신 기존의 시론에서는 시를 언어 구조물로 보는 관점이 주를 이룬다. 이는, 시를 삶과 분리하여 감상하게 함으로써 시를 대상화하는 원인이 되었다고 생각한다. 이런 점에서 시를 대화의 하나로 보게 된다면 작품을 삶과 연관 지어 감상하고 이해하는 데 도움이 될 것이다.

제3부는 대화의 하나인 시가 일상의 대화와는 어떻게 다른지, 어떤

과정을 거쳐 다르게 되는지를 다룬다. 일상 언어의 '낯설게 하기'에 따른 효과로 시의 특징을 설명하는 형식주의의 기본 전제에 입각하여 시적 기법을 체계적으로 소개하려고 했다. 이미지나 은유, 상징 같은 수사법들을 기의 차원의 낯설게 하기로, 음회화나 운율을 기표의 낯설게 하기로 분류한 것은 종래 시론서들이 사용하는 나열식의 제시로는 개별 개념들의 관련성과 그 개념들이 작품의 의미 및 효과와 어떤 관련이 있는지 보여주기 어렵다고 생각했기 때문이다.

이러한 구성과 체계가 보여주듯, 이 시론서는 기본적으로 소쉬르의 구조언어학과 러시아 형식주의, 영미 신비평에서 이론적인 체계를 빌려 왔다. 낡았다면 낡았다고 할 만한 이론이지만, 근대적 문학 장르와 함께 탄생한 이론들이라는 점에서 현대시가 지니고 있는 기본적인 속성을 보여주는 데는 무리가 없다고 생각한다. 다만, 각기 다른 층위와 관점에서 제시된 개념과 명제들을 하나의 체계로 종합하는 일은 필요했다.

가능한 쉽게 풀어 쓴 시론, 시의 형식적 특징을 파악하고 설명하는 데 직접 도움이 시론을 목표로 하여 집필을 시작하긴 했지만 여러모로 역부족이었다는 생각이 든다. 무엇보다 여기에서 소개한 개념들만으로는 2000년대 이후 등장하는 새로운 시들을 설명할 수 없다는 한계가 가장 두드러진다.

한 번에, 한 권에 모든 것을 다 담을 수는 없는 일이다. 때가 오면 이런 아쉬움을 만회할 시론서를 쓰고 싶다. 하지만 지금 당장은 내가 가장 가까이서 시를 나누는 나의 학생들에게 도움이 되는 책을 엮고 싶었다. 생각만 하고 있었는데 마침 우리학교 교양대학에서 집필 기회를 주었다. 감사드린다.

나를 시의 길로 이끌어 배움과 가르침의 기쁨을 맛보게 한 아버지도 떠오른다. 자기만의 관점을 가져야 진정한 학자라는 가르침에 한참 부족한 책이라 민망하지만 이 책의 많은 부분을 아버지의 『현대시학』에 빚지고 있다는 사실을 고백하지 않을 수 없다.

2019년 1월
윤지영

차례

서문 7

제1부

제1장 시란 무엇인가?

1. 시와 시 아닌 것 ······ 13
2. 시의 기원과 이론적 장르로서의 시 ······ 15
3. 역사적 장르로서의 시와 우리 시의 전개 ······ 21
4. 시에서 시적인 것으로 ······ 27

제2장 좋은 시란 무엇인가?

1. 좋아하는 시와 좋은 시 ······ 32
2. 좋은 시를 판단하는 4가지 기준 ······ 35
3. 시의 감상과 분석 방향 ······ 52

제2부

제3장 시는 대화다

1. 시인과 독자 ······ 61
2. 화자의 정의와 시인과의 관계 ······ 65
3. 화자와 비슷한 다른 개념들 ······ 68
4. 시 읽기와 화자의 구성 방법 ······ 71

제4장 화자와 어조

1. 화자의 유형에 관한 문제 …… 78
2. 어조의 정의와 유형화 방법 …… 80
3. 화제와 어조: 정서적 거리에 따른 태도 …… 81
4. 청자와 어조: 위계에 따른 태도 …… 87
5. 화자와 어조: 이중성에 따른 태도 …… 89

제5장 어조의 종류

1. 아이러니 …… 92
2. 역설 …… 97
3. 아이러니와 역설의 복합적 효과 …… 101
4. 패러디와 패스티시 …… 106

제3부

제6장 시는 낯설게 하기다

1. 시의 언어에 대한 오해들 …… 115
2. 일상 언어의 특징 …… 117
3. 일상 언어의 낯설게 하기 …… 123

제7장 기의를 낯설게 하기

1. 기의를 낯설게 한다는 것의 의미 …… 126
2. 이미지 …… 130
3. 비유 …… 145
4. 상상력과 동일성의 시 …… 162

제8장 기표를 낯설게 하기

1. 기표를 낯설게 한다는 것의 의미 …… 166
2. 언어의 형태를 낯설게 하기 …… 168
3. 언어의 소리를 낯설게 하기 …… 172
4. 언어의 종합적 효과로서의 리듬 …… 182

용어 색인 …… 200
작품 색인 …… 206
인명 색인 …… 207

제1부

제1장 시란 무엇인가?

제2장 좋은 시란 무엇인가?

제1장 시란 무엇인가

1. 시와 시 아닌 것

시란 무엇일까? 이런 질문에 대답하기는 쉽지 않다. 그렇지만 어떤 글을 보고 그것이 시인지 아닌지는 금방 알아차릴 수 있다. 다른 글에 비해 길이가 짧고 행이나 연이 나뉘어져 있으며 감성적인 표현이 두드러지면 우리는 이를 시라고 생각한다. 과연 그럴까?

① 운명은 어긋나고
우정은 짓밟혔다.

② 그녀의 자전거가 내 가슴에 들어왔다

③ 오래된 연못
개구리 뛰어드는 물소리

위에 인용한 글들은 모두 길이가 짧고 산문과 다르게 문장을 중간에서 끊어 행으로 나누고 있으며, 감성적인 표현이 두드러진다는 공통점을 갖고 있다. 대구를 사용한 운율이나 비유적 표현, 이미지화 같이 시의 고유한 특성이라고 할 수 있는 장치들도 발견할 수 있다. 뿐만 아니라 내용에 있어서도 삶의 중요한 문제들에 대한 정서적이고 주관적인 반응을 다루고 있다. 따라서 ①~③ 모두 시라고 할 수 있다.

그러나 이 가운데 시는 ③뿐이고, ①은 영화, ②는 광고의 카피 문구이다. 주어진 텍스트만 본다면 시와 시 아닌 것을 구분할 수 있는 특징은 없는 셈이다. 그렇다면 동일한 언어적 특징을 갖고 있는데 어떤 것은 시이고 어떤 것은 시가 아닐까?

시와 시 아닌 것을 구분하는 유일한 기준은 텍스트의 외적인 요건들뿐이다. ①과 ②는 처음 만들어질 때부터 상업성이나 실용성을 목적으로 삼고 있으며, ③은 아름다움이나 감정을 표현하는 데 목적이 있다. 또한 ①과 ②는 지은이가 누구인지 알 수 없지만 ③은 바쇼라는 시인의 작품으로, 지은이를 알 수 있다. 무엇보다 우리는 ③을 '시라고 배운다.' 따라서 엄밀히 말하면 어떤 글을 시라고 할 수 있는 것은 글 자체의 특징 때문이 아니라 '시'가 무엇인가에 대한 사회적 합의에 따르는 것 같다. 이러한 합의는 문학사에 의해 주어진다. 이를 테면, 시집으로 출간된다든지, 교과서에 실린다든지, 문예지의 시 코너에 발표된다든지 하는 방식으로 시임을 보장받는 것이다.

게다가 시는 늘 새로움을 추구하는 속성을 갖고 있다. 이러한 속성은 매순간 새로운 시를 탄생시키며, 시에 대한 정의도 쇄신한다. 우리가 중고등학교 때 배웠던 시는 그야말로 빙산의 일각에 지나지 않는다. 그럼에도 불구하고 우리는 시가 다른 종류의 글과 본질적으로 다르다고 생각하면서 시를 정의하고 시의 특징 및 성질을 구체화하려고 한다.

시의 정체를 밝히고, 고유한 특징을 정립하려는 시도는 크게 두 가지 방식으로 이루어진다. 하나는 우리가 오늘날 시라고 알고 있는 것의 발생과 전개 과정을 살펴보는 것이고 다른 하나는 시를 시 아닌 다른 것과 구별하면서 그 특징을 분명히 드러내는 것이다. 전자가 통시적이고 역사적인 관점에서 시를 정의하는 것이라면 후자는 공시적이고 이론적인 관점에서 시를 정의하는 것이라고 할 수 있다. 우리도 이런 방식에 따라 시가 무엇인지 생각해 보자.

2. 시의 기원과 이론적 장르로서의 시

가. 시의 기원

오늘날 시라고 부르는 것, 즉 현대시의 역사는 고작해야 200년 남짓밖에 안 되었다. 우리의 경우에는 이보다도 더 짧아서 현대시가 지어지기 시작한 것은 100년이 조금 넘었을 뿐이다. 그러나 이것이 그 이전에는 시가 존재하지 않았다는 것을 뜻하는 것은 아니다. 다만 현대시의 특징이라고 할 수 있는, 개인의 감정을 짧고 간결한 언어로 표현하는 양식이 출현한 때가 그렇다는 말이다.

그렇다면 애초에 시는 어떻게 출현하게 되었을까? 많은 학자들은 오늘날의 예술이 원시종합예술에서 비롯되었다고 본다. 즉, 음악, 노래, 춤, 가장(假裝)이 한데 어우러져 공동체의 기원과 소망을 주술적으로 기원하는 제천의식에서 예술의 다양한 장르들이 분화되어 나왔다는 것이다.

프랑스 감독이 만든 애니메이션 「키리쿠와 마녀」는 원시종합예술에서 문학이 갈라져 나왔다는 것이 무슨 뜻인지 이해하는 데 참고가 된다. 아프리카의 민담을 아름다운 영상으로 표현한 이 애니메이션은 키리쿠라는 갓 태어난 어린아이가 지혜와 용기로 마을을 구하는 일종의 영웅담이다. 여기에서 우리는 시의 최초의 모습과 시가 다른 장르와 구별되는 특징을 엿볼 수 있다.

영화의 초반부에는 마녀에게 납치될 뻔한 마을 아이들을 키리쿠가 기지를 써서 구출하는 에피소드가 여러 차례 등장한다. 그때마다 아이들과 마을 사람들은 키리쿠를 둘러싸고 춤을 추며 노래를 부른다. 영화는 험난한 모험 끝에 마침내 키리쿠가 마녀로부터 마을을 구하고, 그 마녀를 신부로 맞이하여 함께 마을로 돌아오는 것으로 끝이 난다. 이 장면에서도 마녀의 저주에서 풀려나 돌아온 마을 남자들과 마을에 남아 있던 사람들이 모두 환호하며 키리쿠와 마녀를 둘러싸고 기쁨과 감격을 춤과 노래로 표현한다. 일종의 축제가 벌어진 것이다.

영화는 여기에서 끝이 나지만 키리쿠는 이러한 영웅적 행위로 인해 마을을 이끄는 지도자가 되었을 것이며, 이 사건은 마을의 역사적인 사건으로 길이 기억되었을 가능성이 높다. 이를테면, 일정한 날을 정해 온 마을이 다 함께 키리쿠가 돌아오던 날 그랬던 것처럼, 키리쿠를 기리고 공동체의 안녕을 기원하는 축제를 벌였을 것이다. 이러한 것이 일종의 원시종합예술이라고 할 수 있다.

시의 기원과 관련해서 주목할 것은 이때 불린 노래다. "키리쿠는 작지만 현명해, 키리쿠는 작지만 힘이 세지" 같이 짧고 간결한 가사와 대구의 형식은 여러 사람이 함께 부르는 노래라는 점과 연관된다. 단순한 문장의 변주와 반복으로 구성되어 있기 때문에 여럿이 함께 노래

부르기에 적합한 것이다. 노래를 기원으로 하는 시에도 이러한 노래의 흔적이 남아있다. 현대시가 등장하기 이전의 시들을 '시'가 아니라 '시가(詩歌)'라고 부르거나, 시가를 '산문(散文)'과 구분하여 '운문(韻文)'이라고 부르는 것도 시가 본래 노래에서 파생되어 노래로 향유되었다는 점과 밀접한 관련이 있다.

우리 시 가운데에는 「구지가(龜旨歌)」가 이러한 예로 거론되곤 한다. 작자도 쓰여진 정확한 연대도 알 수 없는 이 작품은 고려시대의 『삼국유사』에 전해지는데, 가락국 시조인 수로왕의 강림신화(降臨神話)와 함께 기록되어 있다. 이러한 이유로 「구지가」는 제천의식에서 불린 노래라고 추정된다. 말하자면, 영화 속 마을 사람들이 그랬던 것처럼 여럿이 함께 노래로 부르는 방식으로 향유되고 전승되다가 기록된 것이다. 「구지가」가 이처럼 실제 불리던 시기로부터 1000년이나 지난 후에 한자어로 기록될 수 있었던 것 역시 그것이 집단에 의해 불리던 노래라는 점과 깊은 연관이 있다.

「구지가」처럼 왕권과 관련된 축원의 노래나 하늘을 대상으로 풍년이나 풍어를 기원하거나 감사하는 노래 등 집단의 소망과 역사를 다룬 노래들은 기록 문학으로서의 시가 출현한 후에도 하나의 흐름으로 지속된다. 고려 후기 이규보가 고구려 동명왕에 관해 쓴 「동명왕편」 같은 서사시나 조선 시대 궁중음악의 가사로 지어진 「용비어천가」나 「월인천강지곡」 같은 악장(樂章)이 그러한 예이다. 이들은 공동체의 역사와 기원을 기록하며 번영을 축원하는 내용을 운문의 형식으로 담고 있다.

그런데, 이러한 특징은 운율을 제외하면 오늘날 우리가 알고 있는 시의 특징과는 거리가 먼 것 같다. 특히, 우리가 알고 있는 시는 공동체나 집단의 노래와는 가장 거리가 먼 것으로 간주된다. 시는 개인적이며 주관적인 것을 특징으로 하는 장르라는 인식이 강하기 때문이다.

그러나 키리쿠의 친구들이 부른 노래의 내용을 보면 오늘날 우리가 시라고 생각하는 것과 그렇게 거리가 먼 것은 아니다. 마을 사람들이 부른 노래 가사에는 사건보다는 감정의 표현이 담겨 있으며, 이것이야말로 시를 서사와 구별짓는 가장 큰 차이점이기 때문이다. 시의 고유한 특징에 대해 더 자세히 알기 위해서는 다른 장르와 비교가 필요하다.

나. 시의 장르적 특징

시는 전통적으로 소설, 희곡과 함께 문학의 3대 장르 가운데 하나로 간주되어 왔다. 이러한 장르의 구분을 '이론적인 장르'라고 하는데, 기준을 먼저 정해 놓고, 그에 따라 다양한 현상들을 분류한 결과라고 할 수 있다.[1] 이때 분류의 기준은 이 기준에 의해 다양한 현상들을 포괄할 수 있을 정도로 추상적이며 보편적이라는 특징을 지닌다. 따라서 이론적인 기준에 따르면 특정 장르에 속하는 모든 개별 작품은 다른 장르에 속하는 모든 개별 장르와 구별되는 고유한 속성을 갖고 있다.

문학의 이론적 장르를 정식화한 것은 플라톤으로 알려져 있다. 플라톤은 다양한 문학 작품을 구분하는 일관된 기준으로 그 작품이 어떤 어법을 사용하는가, 즉 제시 방식이 어떠한가를 살핀다. 그는 작품을 누군가의 말로 보았으며, 그 말이 누구에 의해 발화된 것이냐에 따

1) 츠베탕 토도로프, 최애영 역, 『환상문학서설』, 일월서각, 2013, 30~33쪽.

라 서정(시), 서사(시), 극(시)를 구분한다. 서정은 작가가 자신의 인격으로 말하는 것, 극은 작가와 구별되는 허구적인 작중 인물이 말하는 것, 서사는 작가 자신의 말과 작중 인물의 말이 혼합된 것이다.

이처럼 문학을 3가지 장르로 구분하는 관점은 이후에도 지속된다. 이론적 장르로서 문학에 대한 논의가 가장 왕성하게 진행되었던 것은 낭만주의 시대이다. 헤겔로 대표되는 이 시기의 미학자들은 플라톤과 달리 문학작품이 무엇에 대해 다루고 있는가를 기준으로 서사, 극, 서정을 구분한다. 우선 모든 문학은 장르와 상관없이 인간의 삶에 대해 다룬다는 점에서 과학과 구분된다. 그리고 우리의 삶을 이루는 두 가지 대표적인 것, 즉, 세계와 자아 가운데 무엇에 초점을 맞추는가에 따라 다시 세 개의 장르로 구분된다. 서정은 자아의 주관이나 내면을 주된 대상으로 삼는다면, 서사와 극은 세계나 다른 사람 등 타자와의 갈등을 주된 관심 대상으로 갖는 것을 특징으로 한다.

「키리쿠와 마녀」를 다시 예로 들어보자. 이 영화에는 시뿐 아니라 서사의 기원이라고 할 만한 장면도 찾아볼 수 있다. 마을의 촌로(村老)가 마을 아이들에게 마을에서 발생한 사건들을 이야기하는 장면이 그것이다. 또한 영화에는 등장하지 않지만 영웅적인 모험을 마치고 돌아온 키리쿠 역시 이 촌로와 마찬가지로 자신의 무용담을 사람들에게 이야기했으리라는 것을 가정할 수 있다. 이처럼 느낀 점이나 감정 뿐 아니라 일어났던 일의 자초지종을 이야기하는 것이 바로 서사의 기원이다. 이러한 모험담은 여러 사람이 역할을 나누어 맡아 마치 바로 그 자리에서 벌어지는 것처럼 재현할 수도 있다. 이것이 바로 연극이다.

서사와 극은 이처럼 어떤 상황에서, 무슨 일이 어떤 식으로 벌어졌는가 하는 사건의 인과 관계를 다룬다. 즉, 자아가 세계와 분투하는 과정을 내용으로 다룬다. 그에 비해 서정은 앞서 말한 것처럼 개인의 주관적인 감정에 초점을 맞춘다. 서사와 극은 사건의 발단과 전개, 그리고 결말로 이루어진 일련의 과정을 다루기 때문에 시간의 추이가 중요한 뼈대를 이룬다. 그러나 감정을 표현하는 서정은 시간의 흐름으로부터 벗어나 언제나 현재적으로 표현될 수 있다.

또한 서사는 서술자에 의해 시간의 경과나 배경 묘사가 직접 전달되기도 하고, 작중 인물이 했을 법한 말이 그대로 재현되기도 한다. 즉, 서사는 작가 혹은 작가를 대변하는 서술자의 말과 작중 인물의 말이 혼합되는 방식으로 이야기가 전개되는 것이다. 그러나 극은 오로지 작중 인물들 간의 대화로만 사건이 전개된다. 서정 역시 극과 마찬가지로 서술자의 중개를 거치지 않고 감정이 직접 표현되지만, 그 감정이 허구적인 인물 대신 작가 자신의 말로 표현된다는 점에서는 극과 다르다.

정리하자면, 서정은 서사나 극과 달리 어떤 사건에 대한 주관적인 감정을 다룬다는 것, 그리고 서사와 달리 1인칭의 현재적인 어법으로 이러한 내용을 표현한다는 것, 마지막으로 극과 달리 이 1인칭의 존재가 허구적 인물이 아니라 작가로 여겨진다는 것을 특징으로 하는 장르라고 할 수 있다.

이쯤에서 의문이 생길 수 있다. 우리가 알고 있는 시 가운데는 위의 정의에 들어맞지 않는 것이 더 많다. 이러한 불일치는 문학 작품이 시대와 문화의 산물이라는 점과 관련된다. 즉, 동일한 장르에 속하더라도 시대에 따라, 그리고 문화에 따라 개별 작품의 구체적인 특징이 달라지는 것이다. 따라서 이론적인 장르로서의 시를 정의하는 것만으로는 시가 무엇인가 충분히 알 수 없다. 그래서 실제로 한국의 시가 어떠한 다양한 특징들을 보이며 전개되어 왔는지 살펴보는 일, 즉 역사적 장르로서의 시에 대해 살펴보는 일이 필요하다.

3. 역사적 장르로서의 시와 우리 시의 전개

가. 우리 시의 옛모습

우리 시에는 여러 사람이 함께 부르는 노래만 있지는 않았을 것이다. 그러나 개인이 창작한 노래가 있었다 해도 문자로 기록되지 않는 한 여럿이 부르는 노래보다 전승되기 어려웠을 가능성이 높다. 여럿이 함께 불렀다는 것은 그 노래를 아는 사람이 많고, 집단에서 중요한 노래였을 가능성이 높기 때문에 전승될 기회가 훨씬 많았을 것이라고 추측할 수 있다.

따라서, 개인적인 노래는 문자에 의한 기록이 가능해진 것과 연관이 있다. 이들은 집단의 노래처럼 노래로 불리다가 후대에 기록되기도 했겠지만, 처음부터 문자로 기록되어 전해졌을 수도 있다. 이를 테면, 신라 시대에는 향찰로, 고려 시대 이후에는 한자로 개인적인 서정을 표현한 것이다. 집단의 노래인 「구지가」와 함께 우리 시의 첫머리에 놓이는 「황조가」가 대표적인 예이다.

우리나라 최초의 서정시라고 알려진 「황조가」는 고구려 유리왕의 작품으로 전해지는데, 『삼국사기』에 한자로 기록되어 있다. 한자로 표기되어 있다는 점을 제외하면 「구지가」보다 우리가 알고 있는 시에 훨씬 더 가깝다. 그 외에도 신라 시대의 향가나 고려 시대와 조선 시대의 한시, 그리고 조선 시대의 가사나 시조 또한 개인의 정서를 짧고 압축적인 언어로 표현한 서정시로서, 현대시와 보다 직접적인 연관이 있는 것처럼 보인다.

그러나 서정시라고 해도 과거의 서정시들은 오늘날의 시와는 차이가 있다. 이들 역시 주로 곡조를 붙여 노래의 양식으로 향유되었기 때문에 운율과 리듬을 중요한 형식적 요소로 갖고 있으며, 이러한 형식적 조건이 매우 엄격하다는 것이 그것이다. 그렇다고 <서정시=운문>, 혹은 <시가=서정시>라고 보기 어렵다. 운율이 우세한 운문에는 개인의 서정을 다룬 서정시도 포함되지만, 가문을 칭송하거나 유교 또는 불교의 가르침도 담겨 있기 때문이다. 「천자문」 같은 비문학적인 글들도 운문의 형식을 띠고 있다.

이러한 점 이외에도 개인적인 서정을 다루는 고전시가와 현대시 사이에는 중대한 차이가 있다. 그것은 바로 세계관과 인간관의 변화에 따른 문학관의 차이와 연관된다. 고전시가 가운데 개인의 정서를 다룬 작품들, 예를 들어 조선 시대의 시조나 한시, 가사들은 작자의 이름을 가리고 보면 누구의 작품인지 구분하는 것이 쉽지 않을 정도로 비슷비슷하다. 이는 형식적인 면에서 뿐만 아니라 내용 면에서도 무엇을 다룰 지 어느 정도는 정해져 있었기 때문이다.

이를 테면, 기생 시조나 여성 규방 가사들을 제외하고 충효 등 유교적 가치를 주로 다룬다. 자연물을 다루는 경우에도 자연이 유교적 진리를 가시적으로 구현한 대상이기 때문에 다룬다.

이는 고전시가가 개성의 표현과는 거리가 멀었다는 점을 시사한다. 이 말을 당시의 사람들은 정서나 개성이 없었다는 것으로 오해하지 말아야 한다. 그보다는 사회적으로 정해진 관습이나 가치를 따르는 것이 개인의 고유한 감정이나 경험, 감각보다 더 중요했으며, 가문이나 계급, 나고 자란 지역 등이 개인의 독자성보다 우선시되었다는 것으로 이해해야 한다.

이러한 생각에 균열이 가기 시작한 것이 '근대'이다. 근대에 이르러 사람들은 개개인이 자기 삶의 주인이며 더 나아가 세상의 중심이라는 생각을 갖게 된다. 즉, 개인의 자유와 권리를 적극적으로 주장하기 시작한 것이다. 이러한 자각은 집단의 일개 구성원에 불과하던 개인으로 하여금 오랫동안 진리라고 의심 없이 믿어왔던 도덕과 윤리, 가치들을 의문에 부치고, 조상 대대로 부과되었던 의무와 책임 대신 자신의 느낌과 체험에 귀를 기울이게 한다. 시를 비롯한 모든 예술에는 이러한 세계관의 변화가 반영된다. 바로 현대예술, 현대시가 출현한 것이다.

나. 근대시의 출현과 현대시의 다양성

개인의 발견과 함께 시작된 현대 예술은 정해진 관습이나 규칙이 아니라 내면의 목소리에 귀를 기울인다. 개성과 독창성의 표현이 예술의 목표가 되었으며, 공동체의 규범이나 도덕, 철학 등 이제까지 삶을 지배해온 전통을 파괴하는 것은 개인의 자유와 권리를 쟁취하기 위한 필수적인 일이 된다.

한국 시사에서는 이러한 변화가 본격적으로 나타나기 시작한 것을 대략 1910년대로 본다. 애국가사나 창가 같은 개화기 시가가 한창 창작되던 무렵, 근대문학[2]의 쌍두마차라 불리는 최남선과 이광수는 자유로운 형식의 시를 실험하는데, 이들은 형식적인 측면에서는 4·4조나 7·5조의 정해진 틀에서 벗어나려는 시도를, 내용적인 면에서는 근대 문명과 자기의 강조를 보여준다. 이런 점에서 이 시들은 고전시가와 확실히 구별된다고 할 수 있다. 그러나 이때의 근대문명과 자기라는 것도 결국 민족이라는 집단적인 가치를 계몽적으로 설파하기 위한 것이라는 점에서 온전한 현대시와는 여전히 거리가 멀다.

이광수와 최남선이 전문 시인이 아니라는 점도 주목해야 한다. 이들은 다양한 문예 활동 가운데 하나로서 시를 썼을 뿐이다. 조선 시대의 유생들이 교양과 학식을 드러내는 방편으로 한시나 시조를 지었던 것이나 개화기 시대의 유생들이 계몽과 애국을 주장하기 위해 개화기 시가를 썼던 것과 크게 차이가 없다. 4·4조나 7·5조로 형식도 이미 정해져 있고, 주제도 근대적인 계몽과 애국으로 한정되어 있었기 때문에 학식을 갖춘 사람이면 누구라도 쓸 수 있었던 것이다.

1910년대 후반에 들어 서구의 문예이론을 번역·소개하고 프랑스의 시를 번역하며 창작활동을 한 김억이나 황석우의 출현은 이러한 흐름으로부터 완전한 단절을 보인다. 개인의 내밀한 정서를 시에 담으려고

2) 이 책에서는 현대문학 혹은 현대시와 근대문학 혹은 근대시라는 개념을 통용한다. '현대'와 '근대'는 둘 다 개인을 최고의 가치로 삼는 시기로서의 'modern'에 대한 번역어이다. 다만 근대의 초기에 등장한 문학(시)을 구별지어 지칭할 필요가 있을 때는 근대문학이나 근대시라는 용어를 사용하기로 한다.

한 이들의 시도는 바로 뒤를 이은 주요한이나 홍사용, 이상화 등에 의해 보다 구체적으로 완성되기에 이른다. 이들은 <백조(白潮)>, <폐허> 등의 동인지 활동을 통해 사랑과 열정, 그리고 죽음과 허무 같은 파토스로 가득찬 시를 선보인다. 3·1 독립 운동의 실패라는 시대적인 상황 때문에 이들의 자기파괴적인 경향을 민족 독립과 연관지어 설명하기도 하지만, 규범이나 도덕의 이름으로 이제까지 억눌려 왔던 개인의 감정을 극단으로까지 밀어 붙인 도전으로 볼 수도 있다.

특히, 주목할 것은 이들 시가 취하는 '자유시'의 형식이다. 이들이 구사한, 산문과 구별하기 어려울 정도의 장문 형식은 고전시가의 정형적인 율격을 깨뜨렸다는 의의만 찾을 수 있는 게 아니다. 이들의 작품에 나타나는 불규칙적이고 가파른 운율은 이들이 사로잡힌 비탄, 감정, 열정의 정서에 대한 언어적 표현인 바, 시는 개인의 정서를 표현하는 것이라는 믿음을 형식의 차원에서도 구현한 것으로 볼 수 있다.

이후 우리말 사용의 금지와 함께 일체의 문화 활동이 탄압받기 시작한 1940년대 직전에 이르는 20여 년 간은 오늘날 누구나 알고 있는 한국 현대시의 대표작들이 속속 출현하는 시기이다. 조국의 독립을 염원하는 작품은 물론, 가난하고 소외된 농민의 삶을 그린 작품, 계급적 이상을 표명하는 작품, 도시의 고독과 소외를 그린 작품, 자연 풍경을 아름다운 감상의 대상으로서 그린 작품 등이 모두 이 시기에 등장한 것이다. 주제적인 측면에서 뿐만 아니라 이러한 이들을 표현하는 방법면에 있어서도 다양한 시도들이 이루어진다. 전통적인 운율의 재해석, 서사적인 요소의 도입, 이미지를 통한 시적 형상화 등이 그러하다. 오늘날에도 낯설어 보이는 이상(李霜)의 시가 등장한 것도 이 무렵이다.

말하자면, 1910년대 말에서부터 1940년대까지의 시기는 우리나라에 현대시가 출현하여 한국 현대시의 원형이 수립되던 시기라고 할 수 있다. 우리가 시의 특징이라고 알고 있는 것들 역시 이 시기에 출현한 시들에서 비롯된 것이다. 이후 등장하는 다양한 시도들은 어떤 의미에서 보면 이 시기에 탐색된 내용과 형식을 변주하고 심화시킨 것이다.

여기에 일대 변화가 생긴 것이 1990년대이다. 100여년 가까이 이어져온 현대시의 속성에 큰 변화가 생긴 것은 역시나 인간과 세계를 바라보는 관점의 변화와 연관된다.

앞서 이야기한 것처럼 현대시는 우리 개개인이 우리 감정과 사유의 주인이라는 믿음에 뿌리를 내리고 있다. 감정과 생각이 수시로 변하기는 하지만, 아무리 변해도 다른 사람과 나를 구분해주는 '나'라는 본질은 존재한다고 생각한다. 이러한 관점에서 시는 통일성과 일관성을 가진 시인 개인의 감정을 자율적으로 표현한 것이 된다. 이러한 신념은 1950년대의 한국전쟁과 1960년대의 근대 산업화 시기를 거쳐 1970년대 시작된 군부독재가 민주화 항쟁에 의해 무너지는 1980년대 말까지 흔들리지 않고 지속된다.

그러나 1980년대 후반, 동구공산권의 몰락 이후 이념대립이 종식되고, 자본주의를 중심으로 하는 세계화가 가속화되면서 이와 같은 믿음은 급격히 무너지기 시작한다. 서구에서 1970년대부터 활발하게 전개된 정신분석학이나 구조주의 같은 학문적 조류들이 우리나라에 소개되기 시작한 것도 안정되고 일관성을 갖춘 개인이라는 개념에 의문을 제기하는데 한몫을 한다.

새롭게 등장한 인간관은, 우리 인간을 끊임없이 해체되고 탈중심화되는 존재로 본다. 우리는 언어와 사회 제도에 의해 구성되는 것이지 이성과 자율적 의지로 삶을 이끌어 가는 존재는 아니다. 만약 인간이 안정적인 정체성을 가진 존재로 여겨진다면 이는 근대를 거치며 만들어진 하나의 신화에 불과하다. 이런 관점 하에서는 시에 대한 관점 역시 변화할 수밖에 없다. 더 이상 시를 독자적이고 자율적인 개인이 자신의 감정이나 생각을 표현한 것으로 볼 수 없게 된 것이다.

새로운 시대의 시인들은 이와 같이 완전히 새로운 사유를 다양한 방식으로 실험한다. 시와 시 아닌 것의 경계는 희미해지고, 자아와 타자의 구분도 허물어진다. 극단적인 경우에 시는 이미 존재하는, 누구의 것인지도 모를 말들의 조합이 된다. 다른 문학 장르는 물론이고 문화예술과 서로 영향을 주고받으면서 시는 자신의 영역을 확장한다. 이들을 시라는 단일한 장르로 묶는 것이 무리라는 회의가 드는 상황에 이른 것이다.

4. 시에서 시적인 것으로

시가 무엇인지 알기 위해 시의 기원을 추적하면서 다른 장르들과의 차이점도 살펴보고, 우리 시가 전개되어온 과정도 살펴보았지만 이는 도리어 시가 무엇인가에 대해 이야기하는 것이 얼마나 어려운 일인가를 확인하는 일이 되어버리고 말았다. 시가 표현할 수 있는 주제는 물론 그 형식이나 특징도 너무 다양하여 시를 개인의 감정이나 사상을 함축적 언어로 형상화한 간결한 표현이라고 정의하는 것만으로는 충분하지 않은 것 같다. 따라서 시의 다양한 양상들을 포괄하면서도 시의 고유한 특성을 놓치지 않을 정의가 필요하다.

이러한 어려움을 해결하는 데 유용한 관점이 시를 하나의 소통, 즉 대화로 보는 것이다. 이러한 관점은 20세기 초반의 러시아 형식주의자들에게서 그 기원을 찾을 수 있다. 러시아 형식주의자들은 시가 다른 종류의 글과는 구분되는 본질적인 특성을 지니고 있다는 생각에 문제 제기를 한다. 그러면서 시를 우리가 일상적으로 주고받는 대화의 일종으로 본다. 즉, 언어를 어떻게 사용하느냐에 따라 발생하는 언어의 다양한 효과 가운데 특별한 한 종류라는 것이다. 이러한 관점에서 중요한 문제는 더 이상 '시란 무엇인가'가 아니다. 대신 '일상의 언어는 어떻게 해서 시적인 효과를 갖게 되는가'가 새로운 관심사로 대두된다.

이를 이해하기 위해서는 먼저 야콥슨이 제안한 소통모델을 살펴볼 필요가 있다. 그에 따르면 모든 소통은 발신자(sender), 수신자(receiver), 메시지(message), 맥락(context), 접촉(contact), 약호(code)의 6가지 요소로 이루어지며 이 가운데 한 가지라도 빠지면 소통은 성립하지 않는다.

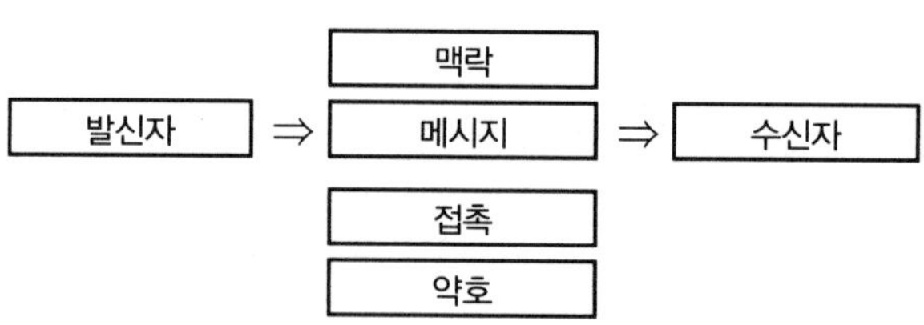

접촉이란 말 그대로 발신자와 수신자의 접촉을 의미한다. 직접 얼굴을 맞대든, 전화를 사용하든, 편지를 주고받든 간에 어떤 식으로든지 화자와 청자가 언어적인 요소를 공유해야 소통이 일어난다는 점에

서 접촉은 소통의 핵심적인 요인이다. 또한 두 사람 사이에 의미가 전달되고 이해되기 위해서는 동일한 언어, 동일한 언어 규칙을 공유하고 있어야 한다. 이 언어 규칙이 곧 약호이다. 약호와 접촉이 없다면 한 편의 글은 부쳐지지 않은 편지, 해독할 수 없는 암호문이나 다름없다.

여기에서 주의해야 할 것은 '메시지'와 '맥락'의 의미이다. 야콥슨의 메시지는 우리가 일반적으로 생각하는 메시지와 다른 의미를 갖고 있다. 우리는 메시지라고 하면 일반적으로 '어떤 의미를 전달하는 말'이라고 생각한다. 즉, 의미와 표현의 결합을 메시지로 본다. 그러나 야콥슨의 소통 모델에서 메시지는 언어로 표현된 것 그 자체만을 의미한다. 메시지가 의미를 갖기 위해서는 메시지가 맥락, 즉 세계와 연결되어야 한다.

이는 어떤 발화의 의미가 생겨나는 경로가 다양하다는 것을 시사한다. 모든 소통은 앞서 6가지 요소가 있어야 성립한다. 이들은 동시에 작용하는 것이기는 하지만, 소통의 종류, 소통의 상황에 따라 6가지 요소 가운데 어느 한 가지가 특별히 더 중요할 수 있다. 그에 따라 메시지의 의미는 지시적인 의미 이외 다른 의미를 추가적으로 갖게 된다. 이처럼 어떤 소통의 상황에서 다른 요소들보다 강력한 영향력을 발휘하는 요소를 야콥슨은 지배소(dominant)라고 부른다.

예를 들어 어떤 소통에서는 발신자가 지배소일 수 있다. 그런 경우 이 소통은 정서적(emotive) 기능을 하며, 발신자의 정서를 전달하는 것을 주된 기능으로 한다. 수신자가 지배소가 될 수도 있다. 창문을 열어 달라는 말처럼 수신자가 지배소인 소통에서는 수신자에게 무엇인가를 지시하고 명령하는 지령적(conative) 기능이 우세하다. 발신자가 외부세계의 구체적이고 객관적인 맥락을 이야기하는 소통 상황에서는 맥락(세계)이 지배소가 되고, 이때의 소통은 지시적(referential) 기능이 우세해진다.

수신자가 발신자와 소통을 시작하겠다는 말, 혹은 현재 소통이 제대로 이루어지고 있는지 확인하는 말처럼 접촉을 지배소로 하는 소통에서는 친교적(phatic) 기능이 우세하다. 대화를 처음 시작할 때 흔히 건네는 '식사 하셨어요?'나 '날씨가 참 좋지요?'라는 말이 대표적인 예이다. 이들 발화는 상대의 식사 여부에 관한 정보를 얻기 위한 것도, 맥락(현실세계)를 지시하는 데 목적이 있는 것도 아니다. 그저 대화를 시작하거나 유지하는 데 목적이 있다. 발신자와 수신자가 서로 같은 약호를 사용하고 있다는 것을 확인하는 기능이 두드러지는 경우도 있다. 이때의 소통에서 우세한 것이 약호이며, 약호가 우세할 때 그 소통은 메타언어적(meta-linguistic) 기능을 한다고 말한다. 어떤 낱말의 뜻에 대해 묻거나 설명하는 경우처럼 언어 규칙에 대한 소통이 그러한 예에 해당한다.

마지막으로 메시지가 지배소가 되는 소통이 있다. 야콥슨은 바로 이런 소통이 시적(poetic) 기능, 혹은 미적 기능이 우세한 경우라고 본다. 요컨대, 우리가 하는 다른 모든 말들과 똑같지만, 언어 자체에 주의를 기울이도록 하는 소통을 시적인 것이라고 정의하고 있는 것이다. 이러한 관점은 시와 산문, 시와 일상의 소통이 별개의 것이 아니라는 생각과 연관된다. 이들 사이의 차이는 언어의 특수한 용법에서 비롯될 뿐이다. 러시아 형식주의자들은 이러한 특수한 용법을 종합하여 '낯설게 하기', 혹은 익숙한 것에 대한 '전경화'라고 부른다.

오늘날 시론(詩論)의 대부분은 이러한 이론적 배경을 기반으로 한다. 즉, 어떻게 해서 일상적인 언어가 시적인 기능을 하게 되는가를 탐구하는 것이 시론이라고 할 수 있다. 이 책 역시 이러한 흐름에서 벗어나지 않는다. 그러나 시를 단순한 언어 구성물로 보거나 기법의 종합으로 보는 관점을 넘어서고자 한다. 즉, 시를 대화의 일종으로 보는 관점을 이론적인 차원에서만이 아니라 실제 독자와의 대화라는 관점으로 확장시킴으로써 시의 이론을 실제 시 읽기를 위한 길잡이로 활용할 수 있도록 종합적인 접근을 시도할 것이다. 본격적으로 대화로서의 시의 구조와 효과에 대해 알아보기 전에 한 가지 더 짚고 넘어갈 문제가 있다. 바로 좋은 시가 따로 존재하는가, 좋은시가 존재한다면 그 조건은 무엇인가 하는 문제이다

제2장 좋은 시란 무엇인가?

1. 좋아하는 시와 좋은 시

시의 종류와 특징이 다양한 만큼 사람들이 좋아하는 시도 다양하다. 어떤 시를 좋아하는 이유도 내 심정을 잘 표현해주는 시라서, 표현이 독창적이어서, 재미있어서, 감동적이어서 등과 같이 다양하다. 무엇을 좋아하고 싫어하는 것, 그리고 그것을 좋아하고 싫어하는 이유는 철저히 개인적인 경험과 판단의 소산이다.

그러나 어떤 시가 '좋은 시'냐 하는 것은 전혀 다른 문제이다. 과연 그 무수한 시 가운데서 좋은 시가 따로 있는 것일까? 그리고 그러한 사실을 다른 사람에게도 납득시킬 수 있을까?

우리가 국어 시간에 특정한 시들을 배운다는 사실은 다른 시들보다 좋은 시가 존재한다는 증거가 될 수 있다. 수천 편의 작품 가운데 단 한 편의 시를 선정하는 신춘문예나 각종 문학상 역시 다른 작품보다 좋은 시가 존재한다는 생각이 있기 때문에 가능하다.

좋은 시가 따로 있다는 생각이 마음에 들지 않을 수도 있다. 문학은 과학이나 역사와 달리 주관적으로 감상하고 판단할 수 있는 자유가 보장되어 있다고 믿기 때문이다. 따라서 그 판단의 결과는 사람마다 다르며 어떤 것이 틀리다고 말할 수는 없다. 그러나 어떤 시가 좋은 시냐 아니냐를 판단하는 일은 시에 대한 개인의 감상의 옳고 그름, 맞고

틀림을 판단하는 것과는 다른 일이다. 우리가 판단하는 것은 시 자체이다. 요컨대, '좋아하는 시'는 각기 달라도 누구나 동의할 수 있는 '좋은 시'는 존재한다고 할 수 있다.

이에 대해 좀 더 자세히 살펴보기 위해 먼저 무엇인가를 판단한다는 행위에 대해 이해할 필요가 있다. 판단 행위는 객관적 사실의 판단과 윤리적 판단, 그리고 미적 판단의 세 가지로 구분된다. 태양이 지구 주위를 도는지 지구가 태양 주위를 도는지를 판단하는 것이 객관적 사실을 판단하는 것이라면, 전쟁은 살인을 정당화시킬 수 있는가 같은 판단은 윤리적인 가치를 판단하는 일이다.

이러한 판단들은 논리적이고 이성적인 추론의 과정을 거쳐 일어난다. 판단을 하는 데 참조할 만한 기준이 있으며 그 기준이 객관적이며 보편적이다. 여기에서 감각이나 감정은 전혀 중요하지 않다. 감각 경험과 감정은 자연의 진리를 파악하거나 도덕적인 판단을 할 때 아무런 도움도 되지 않고, 오히려 오류를 일으킬 위험이 있다. 내 눈에는 태양이 돌고 있는 것처럼 보여도 지구가 태양 주위를 돌고 있다는 진리는 바뀌지 않으며, 복수심에 의한 살인이 아무리 빈번하게 일어난다고 해도 이것이 살인을 정당화하지는 않는다.

반면, 미적 판단은 대상에 대한 개인의 감각적 경험에서 출발한다. 보고, 듣고, 맛보고, 냄새를 맡는 감각적 경험이 미적 판단을 위한 전제 조건이다. 이러한 감각 경험이 우리를 기분 좋게 하는가, 아니면 불쾌하게 하는가를 판단하는 것이 바로 미적 판단이다. 우리를 기분 좋게 하는 것이 아름다운 것이며, 우리를 불쾌하게 하는 것은 아름답지 못한 것이다. 이처럼 쾌(快)와 불쾌(不快)를 판단하는 것은 개인의 정서적·감정적 반응이기 때문에 논리적 추론이나 개념적 사고 이전에 즉각적으로 발생한다.

그러나 과연 이러한 감정적 반응이 사람마다 다 다를까? 칸트는 미적 판단도 완전히 주관적이거나 감정적인 것만은 아니라고 주장한다. 즉, 누구나 동의할 수 있는 미적 판단이 있다는 것이다. 단, 누구나 동의할 수 있는 보편성을 갖기 위해서는 조건이 필요하다.

우선 그것은 개인적인 이익이나 이해관계와 무관한 반응이어야 한다. 내 고향을 떠오르게 하는 그림이기 때문에 그 그림이 좋다고 한다면 그것은 사적인 이해관계에 따른 것으로 보편적이라고 하기 어렵다. 또한 그 판단은 다른 어떤 실용적 목적과도 무관해야 한다. 아무런 쓸모도 없고 무용한, 오로지 그 자체가 목적이 되는 미적 판단만이 보편성을 지닌다. 이러한 특징을 칸트는 '무목적의 합목적성'이라는 개념으로 불렀으며, 이를 미적 판단의 고유한 특징이라고 주장한다.

칸트의 이러한 생각은 누구나 보편적으로 동의할 만한 '좋은 시'가 존재할 수 있음을 뒷받침한다. 또한 개인적 이해관계나 실용적인 이유도 없어야 한다는 조건은 '좋아하는 시'가 곧 '좋은 시'일 수 없다는 사실을 알려준다. 우리가 어떤 시를 좋아한다고 할 때, 거기에는 아주 사적이고 자기중심적인 이유가 개입되곤 하니 말이다.

문제는 우리가 '좋다(good)'는 말을 사용할 때는 칸트가 생각한 것처럼 쾌적하다거나 아름답다는 의미로만 사용하는 것은 아니라는 사실이다. 도덕적으로 바람직한 것에 대해서도 좋다고 말하며, 실용적인 것도 좋다고 말할 수 있다. 이러한 문제는 칸트가 말한 미적 판단이 하나의 견해에 불과함을 말해준다. 뒤에 살펴보겠지만 무목적성의 합목적성이라는 개념으로 정의된 칸트의 미적 판단은 문학 작품을 바라보는 여러 관점 가운데 한 가지에 불과하다.

그도 그럴 것이 시를 포함한 예술은 그 목적과 가치 등이 시대에 따라 다르게 정의되었으며, 그에 따라 어떤 작품을 좋은 작품이라고 할 것인가에 대한 기준 역시 매번 달라졌다. 이제 살펴볼 것은 좋은 작품이 추구해야 할 대표적인 기준들에 대해 이제까지 전개된 논의들이다. 이를 검토하고 각자 어떤 기준에서 문학 작품을 판단하고 있는지 생각해보자.

2. 좋은 시를 판단하는 4가지 기준

예술이 무엇을 추구해야 하는가에 대한 견해는 시대와 문화에 따라 달라진다. 예술이 사회와 역사로부터 독립적으로 존재하지 않기 때문이다. 물론 예술이 사회적 환경에 일방적으로 종속되거나 사회를 그대로 반영하는 것은 아니지만 예술의 지위와 가치 등이 그 시대의 사람들이 중요하게 생각하는 것의 영향을 받지 않을 수는 없다.

예술이 추구해야 할 가치에 대해 설명하는 데 자주 참조하는 것이 M. H. 에이브람즈의 좌표이다. 에이브람즈는 『거울과 램프』라는 현대 문학이론서에서 이 좌표를 제시한다. 그에 따르면 우리가 직접 접하는 것은 작품이지만, 작품은 그것을 창조하는 예술가와 수용하는 청중, 그리고 작품이 다루고 있는 세계라는 요소들을 포함하고 있다. 그리고 이 네 가지 요소 가운데 어떤 요소를 특별히 강조하는가에 따라 서로 다른 4가지 문학관이 존재한다고 정리한다.

즉, 문학 작품은 세계를 모방하는 것이라고 보는 모방론, 예술가의 독창적인 정신세계를 표현하는 것이라고 보는 표현론, 청중에게 감동과 교훈 같은 영향력을 미치는 것이라고 보는 효용론, 마지막으로 작품 그 자체로 미적인 완결성을 갖춘 독립적인 자율체라고 보는 객관론이 그것이다.

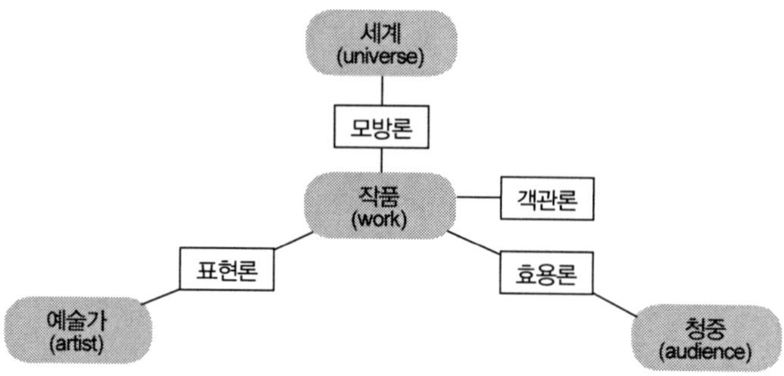

문학관에 따라 좋은 작품의 기준도 달라진다. 모방론에서는 세계를 제대로 모방한 작품이, 표현론에서는 시인의 개성이 잘 드러나는 작품이, 효용론에서는 독자에게 좋은 영향을 주는 작품이, 그리고 객관론에서는 자체의 완결성이 우수한 작품이 좋은 작품이다.

그러나 문제는 이렇게 간단하지 않다. 이런 관점들은 하루아침에 성립된 것이 아니라 오랜 시간을 거치며 서로 간섭하며 영향을 주고받으며 성립되었다. 그렇기 때문에 이 네 가지 관점은 칼로 무 자르듯이 명확하게 구분되지 않는다. 뿐만 아니라 네 가지 관점의 핵심적 조건들,

이를 테면, 모방이나 효용성, 독창성, 구조적 통일성 같은 특징들은 작품에서 독자적으로 존재하는 것이 아니다. 예를 들어 시인의 독창적인 영감이 독자에게 쾌감을 주는 원인이 될 수도 있고, 현실 세계의 적확한 모방이 작품의 구조적 완결로 나타나기도 한다. 뿐만 아니라, 이제 보겠지만, 세계, 예술가, 청중, 작품과 같은 개념들 역시 각각의 관점마다 새롭게 해석되며 의미가 조정되기도 한다.

따라서 이 네 가지 관점을 이해하는 데 유의해야 할 것이 있다. 우선, 네 가지 관점은 문학의 가치를 판단하는 기준이지, 작품의 네 가지 유형을 의미하는 것은 아니라는 점이다. 모방론적 관점이 우세하던 시대의 작가라면 이 점을 창작의 과정에서 염두에 두었을 수도 있겠지만, 그렇다고 그 작품을 읽는 독자들이 그 작품을 모방론적인 관점에서만 보지는 않는다. 동일한 작품도 사람마다 다른 관점으로 감상할 수 있으며 어떤 관점에서는 좋은 작품이라고 평가받는 것이 다른 관점에서는 그렇지 않을 수도 있다.

게다가 우리는 작품을 감상할 때 오직 한 가지 관점만으로 작품을 바라보지는 않는다. 모든 작품에서 우리는 우리가 살고 있는 세계와 비슷한 점을 발견하며, 작가의 독특한 관점과 방법을 발견하며, 교훈과 감동, 기쁨을 얻는다. 그리고 작품이 유기적으로 잘 짜여져 있다는 인상을 받기도 한다. 이 네 가지 요소가 포함되지 않은 작품은 없다. 이 네 가지 관점 가운데 어떤 것이 절대적으로 더 중요하거나 더 정확한 관점이라고 말할 수도 없다. 앞서도 말했듯, 문학을 바라보는 관점들은 특정한 시대의 세계관이나 가치와 밀접하게 관련이 있기 때문이다.

요컨대, 어떤 하나의 관점을 취하여 그 작품을 판단하는 것으로는 작품의 가치와 의의를 충분히 드러내기 어렵다. 관점을 달리하여 볼 때 이전에는 안 보이는 사실들을 볼 수 있으며, 따라서 문학 작품을 다양한 관점에서 볼 수 있어야 한다. 이를 위해 각각의 관점들이 갖고 있는 특징에 대해 보다 구체적으로 살펴보자.

가. 모방론적 관점

우리는 문학 작품에서 하나의 세상을 발견한다. 그 세상은 우리가 살고 있는 지금 여기와 흡사할 수도 있고, 본 적도 없는 전혀 새로운 세상일 수도 있다. 이런 세계를 만날 수 없다면 굳이 문학 작품을 읽어야 할 이유가 없다. 즉, 문학에는 어떤 식으로든 세계가 담겨 있다. 이처럼 작품에 재현된 세계와 실제 세계의 관계에 집중할 때, 이를 모방론적인 관점에서 작품을 본다고 말한다.

문학 작품이 모방하는 세계란 어떤 것일까? 세계라고 할 때 가장 먼저 떠오르는 것은 우리 눈에 보이는 물리적인 세상이다. 자연환경과 사람들, 그들이 만들어낸 문명은 물론, 하루하루 먹고 사는 생활양식과 매순간 벌어지는 크고 작은 사건들이 우리가 세계라고 할 때 떠올리는 일차적인 것들이다. 그리고 보이지 않는 것들이 있다. 이 세계는 눈에 보이는 것들로만 이루어져 있지 않다. 가변적이며 비일관적인 가시적 물질세계 이면에는 이러한 현상적 세계를 생겨나게 하고 작동하게 하는 근본 원리 혹은 추상적인 원형 같은 것이 있다.

모방론적인 관점은 이 두 가지 종류의 세계를 모두 포함한다. 문학은 눈에 보이는 가시적인 감각세계를 모방한다는 첫 번째 관점을 주장한 것은 플라톤이다. 반면, 그의 제자인 아리스토텔레스는 스승과 달리 문학이 모방하는 것은 단순히 눈에 보이는 감각 세계가 아니라 그 감각 세계의 본질(nature)이라고 보았다.

두 사람의 생각은 완전히 상반되는 것처럼 보인다. 그러나 세계를 현상과 본질, 가시적인 것과 추상적인 것, 우연한 것과 필연적인 것의 두 가지 차원으로 구분한다는 점에서 공통점을 지닌다. 또한 이 가운데 후자를 더욱 중요한 것으로 본다는 점에서도 의견을 같이한다. 플라톤은 이를 이데아(idea)라고 불렀으며, 아리스토텔레스는 이를 본질, 혹은 형상(eidos)이라고 불렀지만 말이다.

그러나, 이 두 입장에는 근본적인 차이가 있다. 플라톤은 이데아가 이 세계와 동떨어져 어딘가에 따로 존재하며 현실 세계는 이데아 세계를 모방한 것에 불과하다고 본다. 반면, 아리스토텔레스는 이와 같은 이상적인 진리가 현실 자체에 구현되어 있다고 본다. 이러한 두 개의 관점은 오늘날 세계를 지배하는 서구 사상의 양대 축이 된다.

현실 세계가 이데아의 모방에 지나지 않는다고 보았던 플라톤 입장에서는 현실 세계를 모방하는 문학은 모방한 것을 다시 모방함으로써 이데아로부터 한층 더 멀어진 것에 불과하다. 따라서 이데아가 구현된 이상적 '공화국'의 건설이 필생의 목표였던 플라톤에게 문학은 지극히 위험한 것이다. 문학은 사람들의 이성을 마비시키고 환상으로 현혹시켜 이데아로부터 더 멀어지게 하기 때문이다. 철학자가 갖고 있는 논리적인 추론 능력은 이데아를 궁구하는 데 꼭 필요하지만, 시인의 상상력과 직관은 허황되고 위험할 뿐이다. 플라톤이 시인을 추방해야 한다고 주장한 것은 바로 이러한 이유 때문이다.

하지만 이데아, 곧 본질이 이미 세계에 내재해 있다고 보았던 아리스토텔레스에게 문학은 전혀 다른 의미를 갖는다. 우리가 살고 있는 이 세계에 이미 본질이 녹아 있으므로 이 세계를 모방하는 문학은 진실을 모방하는 것이 된다. 뿐만 아니라 모방은 인간의 본능이기도 하다. 모방을 통해 쾌락을 얻고, 모방을 통해 창조에 도달한다고 보았다.

오늘날 모방론적인 관점에서 좋은 문학이라고 할 때 의미하는 것은 이 두 가지 입장이 모두 포함되어 있다. 한편으로 우리는 현실을 적확하게 재현하는 작품을 좋은 작품이라고 말한다. 언어로 이루어져 있음에도 불구하고 금방이라도 책에서 살아나와 나에게 말을 걸 것 같은 주인공과 실감나는 배경과 사건의 묘사는 확실히 좋은 작품의 조건처럼 보인다. 사실과 구분되지 않을 정도로 흡사하게 그려내는 이러한 특징을 '핍진성(verisimilitude)'이라고 부르는데, 이는 19세기 말 20세기 초반 사실주의나 자연주의 작품들이 추구하는 이상이기도 했다.

그러나 현실과 구분되지 않을 정도로 똑같이 표현되어 있다고 해서 모두 훌륭한 작품인 것은 아니다. 사진이나 그림의 경우를 생각하면 이해가 쉽다. 부분을 과감하게 생략하거나 과장한 그림이 때로는 사진처럼 똑같이 그린 작품보다 더 좋은 작품일 수도 있다. 눈에 보이는 것과 다르게 표현되어 있지만, 오히려 그러한 왜곡과 변형 때문에 대상의 핵심과 본질이 잘 드러날 수도 있기 때문이다.

이처럼 실제와는 차이가 있더라도 본질적인 차원에서 보자면 충분히 그럴 수 있다고 믿게끔 되어 있는 것, 그럴 듯하고 있을 법하게 생각되는 것을 '개연성(probability)'이 있다고 말한다. SF물은 현실 어디에도 존재하지 않는 세계를 재현하고 있지만, 훌륭한 SF물은 사실주의 소설들보다 더 개연성을 갖고 있을 수 있다.

중요한 것은 눈에 보이는 것을 얼마나 정확하게 묘사하느냐, 사실을 얼마나 있는 그대로 기록하느냐가 아니다. 그러한 모방을 통해 세계의 본질과 원리, 어떤 질서나 진리를 드러내느냐의 여부가 중요하다. 시의 경우에도 마찬가지다. 집요한 관찰의 결과를 뛰어난 비유와 생생한 언어를 통해 대상이 마치 우리 눈앞에 있는 것처럼 경험하게 표현하는 시는 모방론적인 관점에서 좋은 시라고 할 수 있다. 그러나 시시콜콜하게 세부적인 것을 묘사한다고 해서 숨어 있는 세계의 진실을 드러내는 것은 아니다. 이를 위해서는 겉으로 보이는 것을 꿰뚫어 보는 눈이 있어야 한다. 진실과 본질에 대한 의식이 없이는 그저 사실의 복사에 그칠 위험이 있다.

나. 효용론적 관점

문학 작품을 읽는 여러 가지 이유 가운데 가장 큰 이유를 꼽으라면 주저 없이 재미와 깨달음을 들 것이다. 이 두 가지는 문학이 독자에게 주는 대표적인 효용성이며, 이는 우리가 무엇을 얻기 위해서 문학 작품을 읽는다는 사실을 시사한다.

효용론적인 관점은 모방론적 관점만큼이나 역사가 오래 된 관점이다. 칸트가 무목적의 합목적성 같은 가치를 근거로 자율성과 독자성을 예술과 아름다움의 조건으로 내세우기 전까지는 문학을 포함한 모든 예술이 사실상 이 효용성의 가치에 전적으로 종속되어 있었다고 할 수 있다.

이를 테면, 문학과 예술의 기원으로 간주되는 원시종합예술에서도 가장 중요한 것은 효용적인 목적이다. 인간의 소망을 하늘에 전달하고 소망의 실현을 기원하던 종교적·주술적 목적이 주된 것이었기 때문이다. 동굴 벽에 그려진 원시 시대의 벽화나 유럽 성당의 성화(聖畵)들, 유명한 클래식 음악은 물론 각종 공예품들 역시 마찬가지이다. 오늘날에는 뛰어난 예술 작품으로 추앙받지만, 일상생활에 편리를 가져다주기 위한 도구 아니면 어떤 가르침을 전달하는 수단, 혹은 기쁨과 즐거움을 선사하는 오락거리였다.

예술, 혹은 문학이 우리에게 주는 효용적 가치는 크게 두 가지로 구분할 수 있다. 우선, 문학은 독자에게 진리나 윤리와 도덕, 삶의 가치 등을 전수한다는 점에서 효용성이 있다. 그렇기 때문에 바람직한 방향으로 독자에게 영향을 미치는 작품을 가려내고 판단하는 일이 중요하다. 공자가 『시경(詩經)』을 편찬하며 문왕(文王)과 후비(后妃)의 덕을 노래한 「관저(關雎)」라는 곡(曲)에 대해 "즐겁지만 방탕하지 아니하고 슬프지만 마음을 상하지 않는다(樂而不淫哀而不傷)"라고 평할 때 한 것이 그것이다. 그는 좋은 시의 기준을 독자에게 미치는 바람직한 영향이라는 측면에서 제시하고 있는 것이다.

독자에게 일깨워주어야 하는 바람직한 가르침은 시대에 따라 달라진다. 이를 테면, 중세의 서양에서는 성경의 진리, 비슷한 시기의 동양에서는 유교적 도리를 독자에게 전달할 수 있어야 한다. 현대에 들어서도 마찬가지이다. 근대 초기에는 민족의식이나 애국심을 고취시키고 계몽을 노래하는 작품, 계급혁명의 의지를 불러일으키는 작품, 사회의 부조리와 불의를 폭로하는 작품이 독자들을 각성시키는 작품이라 하여 가치 있는 작품으로 평가되었다.

이처럼 시대에 따라 문학이 독자에게 전달해야 하는 교훈이나 가르침의 내용이 달라지기는 하지만 이들은 모두 어떻게 살아야 하는가에 대한 나름의 대답이라는 점에서 공통점을 지닌다. 즉, 좋은 문학 작품은 인간으로서 지켜야 할 도리와 이상, 가치 있는 삶에 대해 알려준다.

바로 이러한 점 때문에 효용론적인 관점과 모방론적인 관점은 자주 서로를 넘나든다. 플라톤이 시인을 추방해야 한다고 주장했던 것은 문학이 이데아를 왜곡시키기 때문에 독자에게 악영향을 미칠 것을 우려한 결과이며, 반대로 아리스토텔레스가 문학의 가치를 높이 평가했던 것은 문학이 세계의 본질을 모방하기 때문에 독자에게 효용적 가치가 있다고 본 것이다.

그런데 삶의 가치나 진리에 대한 가르침은 경전이나 철학, 도덕, 종교 등에서 오히려 충분히 얻을 수 있다. 그렇다면 문학은 가르침을 전달하기 위한 수단에 불과한 것인가? 혹은 문학과 이들 진리의 담론들과는 아무런 차이도 없는 것일까? 현대로 올수록 이런 견해는 문학의 자율성을 훼손하는 것이라고 하며 못마땅하게 생각되는 경향이 크지만 문학은 교훈을 전달하기 위한 매우 효과적인 수단으로 인식된 것이 사실이다. 논리적이고 개념적인 방식으로 도덕적 가치나 진리에 대해 설명하는 것보다 이야기나 시로 전달하는 것이 독자들을 이해시키기도 쉽고 거부감도 줄일 수 있다는 이유에서다. 그리고 무엇보다도 문학은 독자들에게 흥미와 재미, 즉 쾌락을 준다. 입에 쓴 약을 달달한 설탕물로 감싸듯, 교훈적이고 도덕적인 주제들을 독자들에게 쉽게 받아들이도록 하기 위해서는 쾌락이라는 포장이 필요하다.

문제는 쾌락과 교훈을 양립불가능한 것으로 인식하는 경향이다. 우리는 판타지 소설이 재미있기 때문에 읽지만, 어른들은 그런 책을 탐탁해 하지 않는다. 판타지 소설에서는 배울 게 없다고 생각하기 때문이다. 조선시대에 소설이 천시되었던 것도 마찬가지다. 즉, 우리에게 쾌락을 주는 것은 대체로 배울 것이 없으며 반대로 가르침을 주는 것은 대체로 우리에게 쾌락을 주지 않는다는 게 일반적인 생각이다.

이러한 통념은 쾌락을 단순히 감각적인 쾌락으로만 생각하는 데서 비롯된다. 그러나, 앞서 칸트의 미적 판단을 살펴볼 때도 확인했듯이, 미적 판단의 기준인 쾌는 감정적이고 심리적인 반응을 의미한다. 즉, 문학 작품이 주는 쾌락은 초콜렛을 먹을 때나 따뜻한 욕조에 몸을 담글 때의 쾌락과는 다른 것이다. 이와 같은 감각적 자극들은 즉각적으로 우리에게 쾌를 불러 일으키는 반면, 미적 대상들은 우리의 이성과 오성을 거쳐 수용되고 판단되면서 쾌를 불러 일으킨다.

그렇기 때문에 쾌와 연관되는 감정은 행복하고 낙관적이며 희망적인 감정들만이 아니다. 때로는 불안, 우울, 공포 등과 같이 부정적인 감정들도 우리에게 쾌락을 선사한다. 실연을 하고 굳이 슬픈 이별 노래를 듣는 것을 떠올려 보면 쉽게 이해할 수 있다. 이별 노래를 들으며 슬픔과 비탄의 감정에 흠뻑 젖고 나면 오히려 후련해지는 것을 우리는 경험으로 알고 있다. 요컨대, 문학이나 예술이 주는 쾌락이란 '감동', '공감', '카타르시스'와 같은 감정적이고도 심리적인 쾌락인 것이다.

이와 같은 감정적이고도 심리적인 쾌락은 교훈과 밀접한 연관이 있다. 이를 이론적으로 정립한 것이 바로 아리스토텔레스이다. 그는 그리스 비극이 관객들에게 미치는 영향에 관한 '카타르시스' 이론에서 영웅의 몰락이 관객들에게 불러일으키는 공포와 연민의 감정에 주목한다. 우리보다 뛰어나다고 생각했던 영웅이 운명 앞에서 속절없이 몰락하는 모습은 평범한 우리에게 공포와 연민의 감정을 불러일으킨다. 그러나 우리는 이와 같은 부정적인 감정을 경험함으로써 정서의 정화, 즉 카타르시스를 느낀다. 그리고 더 나아가 우리로 하여금 어떻게 살 것인가와 같은 윤리적인 문제에 대해 생각하게 만든다. 즉, 감정의 쾌락을 통해 교훈에 도달하게 하는 것이다.

따라서 문학이 주는 교훈적인 효용성과 쾌락적인 효용성은 별개의 것이 아니다. 중요한 것은 이 두 가지 효용성이 얼마나 긴밀하게 상호작용하고 있는지, 그리하여 얼마나 깊이 있게 독자들에게 전달되는지를 판단하는 일이다.

다. 표현론적 관점

우리는 시는 아무나 쓰는 게 아니라고 생각한다. 다른 예술도 마찬가지다. 특별한 재능이 있는 사람만이 시를 쓰고, 그림을 그리고, 음악을 만든다고 생각한다. 이러한 재능은 노력으로 얻을 수 있는 게 아니며 천부적으로, 즉 태어날 때부터 하늘에서 받은 것이다. 예술가를 천재(天才)라고 부르는 이유는 여기에서 비롯된다. 문학을 이처럼 작가의 특별한 재능을 표현한 것이라고 생각하는 관점이 표현론적인 관점이다.

표현론적인 관점에서는 작가의 재능의 탁월함 여부에 따라 좋은 작품과 그렇지 않은 작품을 구분한다. 작품에 표현된 재능이 탁월할수록 좋은 작품이며 그렇지 않은 작품은 가치가 없다.

그렇다면 탁월하다는 것은 구체적으로 어떤 의미인가? '남보다 두드러지게 뛰어나다'라는 사전적 정의가 말해주듯, 탁월하다는 것은 기본적으로 남과 다르며 세상에 유일무이하다는 뜻을 갖고 있다. 이러한 정의는 근대에 들어 '개인(individual)'을 새롭게 정의할 때 사용하는 표현이기도 한데, 이성에 대한 신념을 근거로 자율성과 독자성을 갖춘 존재로 인간을 새롭게 인식하게 된 것과 관련된다. 이러한 사실은 탁월한 작가의 재능을 중시하는 표현론적 관점이 '개인'을 중요하게 생각하기 시작한 근대에 들어 성립되었다는 것을 시사한다. 말하자면, 표현론적 관점은 개인에 대한 강조가 문학과 예술의 영역에서 받아들여지면서 출현했다고 볼 수 있다.

따라서 표현론적 관점은 개인으로서의 예술가에게 큰 의미를 부여한다. 예술이 세계 혹은 진리를 반영하는 것이라고 볼 때 예술가는 이미 존재하는 세계나 이데아를 모방하는 솜씨 좋은 기술자에 불과하다. 문학은 독자에게 바람직한 삶의 가치와 태도를 가르치고 기쁨을 주는 것이라는 생각이 지배적일 때에 예술가는 다른 사람보다 진리를 먼저 터득하여 사람들을 올바로 이끌어 주는 교사에 가깝다. 기술자나 교사는 열심히 노력하고 연마하면 누구든 될 수 있다.

반면, 천재는 노력으로 될 수 있는 존재가 아니다. 오로지 하늘이나 신에게 능력을 받은 존재만이 예술가가 될 수 있다. 근대 초기인 낭만주의 시대에는 이 능력을 상상력이라 불렀으며, 뛰어난 시인은 상상력이 남다르고, 이러한 남다른 상상력은 작품에서 상징과 은유로 표현이 된다고 보았다.

그런데, 상상력이나 은유처럼 예술가에게만 허락되는 천부적인 재능에 대한 생각은 그리스 시대에도 찾아볼 수 있다. 아리스토텔레스는 "은유는 남이 가르쳐 줄 수 없다. 그것은 천재의 표적이다"라고 말한 바 있으며, 시인을 추방하자던 플라톤도 『이온』에서 "모든 훌륭한 서사 시인, 서정 시인들은 습득한 기술에 의해서가 아니라 영감을 받고 신이 들어서 아름다운 시를 짓는다."고 말한다. 말하자면 시는 신이 시인에게 부여한 영감의 산물이며, 영감을 선사하는 신, 즉 '뮤즈'와의 접속을 통해서만이 뛰어난 시가 탄생한다. 이러한 관점에서 창작이란 곧 접신(接神)의 과정이나 다름없으며, 영감에 사로잡힌 시인은 일종의 신들린 무당과 같은 존재라고 할 수 있다.

그리스 시대의 영감과 근대의 상상력이 다른 점은 이 천부적인 재능을 개인의 독특성, 즉 개성에 대한 징표로 본다는 점이다. 신으로부터 부여받은 것에서 예술가 자신의 고유한 정체성이라는 의미로 변화하기 시작한 것이다. 그러면서 영감은 상상력, 감수성, 예민함, 독창성, 광기 등과 같은 이름으로 바뀌게 된다. 상상력 덕분에 원래는 신만이 할 수 있었던 창조, 즉 세상에 존재하지 않던 것을 새롭게 만들어 낼 수 있게 된 예술가는 신과 견줄 수 있는 지위에까지 등극하게 된다.

이러한 생각은 현재까지 지속된다. 예술은 작가의 개성, 주관적인 감정, 영감 등을 표현하는 것이며, 독창성, 개성 등은 예술을 평가하는 가장 중요한 기준이다. 그 결과, 남들과 다른 새로움을 표현하는 것이 다른 무엇보다 중요한 목표가 되고, 작가들은 언제나 선배 작가는 물론 동시대 작가들과 경쟁하며 그들과 달라지기 위해 안간힘을 쓴다. 괴이하거나 낯선 것, 예술이라고 인정하기 어려운 시도들이 근대 이후

예술 작품에 등장하기 시작한 것도 이러한 이유 때문이다.

현대의 문학 비평들은 작가의 개성이나 독창성을 뮤즈나 영감처럼 초월적인 차원의 문제로 보기 보다는 작가의 생애, 특히 유년기의 체험이 만든 독특한 정신구조의 문제로 본다. 문학 작품의 가치를 판단한다고 하면서 작가의 생애를 고찰하거나(역사주의 전기비평), 작가의 무의식에 주의를 기울이는 것(심리주의 및 정신분석학)이 바로 이러한 관점과 연관된다.

라. 객관론적 관점

이제까지 살펴본 문학관은 모두 문학 작품을 작품 외부의 다른 요소와 관련지어 이해한다. 세계, 독자, 그리고 작가라는 요소들에 의해 결정되고 영향을 받는 것으로 작품을 바라보고 있는 것이다. 이러한 관점을 통틀어 외재적인 관점이라고 부른다.

외재적인 관점이 작품의 가치를 판단하는 데 있어 의미있는 기준이 되는 것은 틀림없다. 그러나 문학 작품을 다른 어떤 것이 아닌 문학 작품이게 만드는 것이 무엇인지에 대해서는 충분히 설명해주지 못한다. 문학만이 아니라 그림이나 음악 같은 다른 예술 작품이나, 역사나 철학 등도 세계를 재현하며 우리에게 감동과 교훈을 주고, 또 작가의 고유한 개성을 담고 있다. 요지는 외재적 관점은 문학 작품이 이들과 구별되는 점, 즉, 언어로 짜여진 하나의 완결된 전체라는 점을 간과하고 있다는 것이다.

그에 반해, 객관론적 관점은 문학 작품을 하나의 독립적이며 자율적인 완전체로 인식하는 것을 전제한다. 그리고 그 완전체가 얼마나 완벽하게 전체를 이루고 있는지를 살핌으로써 작품을 판단한다. 그런 점에서 객관론적 관점은 내재적 관점이다.

의식하고 있지는 않지만 우리도 문학 작품이나 영화를 볼 때 객관론적인 관점을 자주 취한다. 예를 들어 우리는 영화나 소설을 보며 이야기의 흐름을 방해하는 사건을 가려낼 수 있다. 사건과 사건의 인과관계가 납득이 가지 않는다고 느끼기도 하며, 결론이 비약적이라고 느끼기도 한다. 화자의 어조와 이미지가 잘 어울리지 않는다거나 리듬이 작품의 정서와 어울리지 않는다는 판단도 한다. 이러한 판단을 한다는 것은 우리가 한 편의 작품은 잘 짜여진 완결된 통일체여야 한다고 생각하고 있음을 말해주며, 설명할 수는 없지만 어떤 것이 잘 짜인 통일된 상태인지에 대한 감각을 갖고 있다는 것을 말해준다.

객관론적인 관점의 기원은 다시 아리스토텔레스로 거슬러 올라간다. 그는 문학 작품을 부분들이 특수한 방식으로 결합되어 있는 유기체라고 본다. 즉, 어느 한 부분이라도 없으면 전체를 이룰 수 없으며, 불필요한 부분도 물론 없어야 한다. 있어야 할 모든 부분이, 있어야 할 자리에 정확하게 위치해서 하나의 통일된 전체를 이루는 것이야말로 좋은 작품이라는 게 아리스토텔레스의 생각이다.

아리스토텔레스가 고찰한 비극의 플롯은 통일된 전체를 이룬다는 것의 구체적인 의미를 잘 보여준다. 그는 『시학』 6장에서 플롯을 하나의 행위를 모방한 결과로 정의하면서 플롯을 처음, 중간, 끝으로 이루어져 있다고 본다. "처음은 필연적으로 그 앞의 아무 것도 따르지 않되, 그 뒤에는 다른 것이 자연히 따르는 것을 말하고, 끝은 그와 반대로 필연적으로 다른 어떤 것을 따르되 그 뒤에는 아무것도 따르지 않는 것을 말하며, 중간은 무엇을 따르고 동시에 뒤에 무엇이 따르는 것"이라는, 어쩌면 지극히 당연한 것처럼 보이는 설명으로 유기적으로 잘 짜인 통일체에 대한 모델을 제시한다.

이와 같은 관점에서 문학을 보는 일이 가장 활발하게 전개되는 것은 문학을 언어적 구조물로 보기 시작한 20세기 들어서다. 그러나, 근대 초기의 낭만주의적 유기체관이 없었으면 불가능하다. 이 시기에 인간은 신으로부터의 독립을 쟁취하고 독자적인 개인임을 선포하게 되었지만 그 대가로 존재와 세계에 대한 균열과 분열의 감각에 사로잡히고 만다. 태양을 중심으로 태양계가 하나의 완결된 세계를 이루고 있듯, 신을 중심으로 존재하는 모든 것들이 모순 없이 완벽하게 하나의 조화를 이루고 있던 세계가 산산조각난 것이다.

바로 이러한 이유 때문에 유기적 전체에 대한 향수는 더욱 강렬해진다. 문학과 예술에서 내용과 형식의 완벽한 조화를 이상으로 강조한 것도 문학과 예술이야말로 잃어버린 유기적 전체를 구현하는 마지막 보루라고 생각했기 때문이다. 즉, 내용과 형식의 일원론을 통해 육체와 영혼, 이성과 감정, 꿈과 현실, 천상과 지상 사이의 균열을 봉합하여 유기적 전체를 회복하려는 꿈을 실현하고자 했던 것이다.

20세기에 들어 객관론적 관점은 새로운 전기를 맞이하게 된다. 유기체나 조화로운 통일 같이 추상적이고도 정신적인 작용으로 문학의 통일성을 설명하던 것에서 언어의 문제로 초점이 이동한 것이다. 이는 20세기 초반 언어에 대한 소쉬르의 현대적인 해석에 힘입은 바 크다. 현대 언어학의 발전에 의해 축적된 지식을 적극적으로 수용하면서 문학 작품에 대한 정의도 달라진다. 즉, 하나의 문학 작품을 유기체로 보되 그 구성요소를 언어로 재정의한 것이다.

그에 따라 문학의 재료인 언어가 주된 관심사로 대두된다. 러시아 형식주의자들은 일상 언어를 어떠한 방식으로 선택하고 결합할 때 문학적 효과를 낳는가와 같은 질문을 던지고, 영미의 신비평가들은 시적 언어의 특징을 고찰하면서 은유와 아이러니, 상징 같은 시적인 기법에 주목한다. 프랑스의 구조주의자들은 문학의 구조를 언어의 구조로 설명함으로써 문학의 유기적인 통일성을 설명하고자 한다.

그러나 이는 누구나 할 수 있는 것이 아니다. 앞서 언급한 것처럼 어떤 작품의 유기성을 직관적으로 파악할 수 있을지는 몰라도 전체를 이루는 요소들이 무엇이며, 그 요소들이 어떤 식으로 짜여 있기에 이와 같은 통일성과 유기성을 획득하고 있는지 파악하고 설명하기는 어렵다. 이러한 특징을 설명하기 위해서는 이론적인 개념을 사용할 수 있어야 하며 기본적인 명제들에 대한 지식이 있어야 한다.

시론, 혹은 서사론 같은 문학의 이론들은 기본적으로 이러한 지식을 다룬다. 즉, 시를 언어적 구조물로 보고, 그 구조적 특징을 설명할 수 있는 이론적 지식을 통해 시의 유기성과 통일성을 분석하는 것이 시론의 주요 내용들이다.

3. 시 감상과 분석의 방향

가. 외재적 관점 편향의 문학 교육

앞서 살펴본 것처럼 한 편의 시를 감상하고 비평하는 관점은 다양하다. 그 가운데 어떤 것이 가장 중요하며 우월하다고 말할 수 없다. 시대마다 각기 다른 문학관이 우세하기도 하고, 시대가 바뀌면 그 자리를 다른 문학관이 대체하기도 한다. 각각의 관점에서 판단의 기준으로 삼는 내용들이 그 시대의 지배적인 관심사와 세계관에 부합할 때 그 관점이 영향력을 갖게 될 뿐이다.

우리는 작품을 볼 때 어떤 특정한 한 가지 관점에서만 감상하는 경향이 있다. 특히 익숙한 문학관은 모방론과 효용론이다. 표현론과 객관론적 관점으로 문학 작품을 보는 경우는 매우 드물다. 이는 현 문학 교육의 방향성과 연관되는데, 문학 교육을 지나치게 계몽적으로 바라보고 있는 것이 한 가지 원인이다. 그 결과 작품의 주제의식이나 시대상을 파악하는 일, 아니면 이로부터 교훈을 도출하는 것에 치중하고 있다.

그나마도 각각의 관점들을 매우 부분적이고 지엽적으로 다룬다. 예를 들어 시나 소설을 읽고 그 시대적 상황을 파악하는 것은 모방론적인 관점에서 작품을 보는 것이라고 할 수 있다. 그러나 모방론적 관점에서 작품을 본다는 것은 그 작품이 어떤 시대와 사회를 모방하고 있다는 사실을 아는 것만으로 충분하지 않다. 문학은 특수한 시대 상황도 모방하지만, 특수한 시대 상황에 내재하는 보편적인 진리와 원리를 모방하기도 한다. 따라서 모방론적인 관점으로 작품을 보기 위해서는 작품에 재현된 역사적 사실이나 시대상을 파악하는 것에 그치지 않고 이를 통해 보편적인 진리를 파악하는 데까지 나아가야 한다. 그렇지 않다면, 모방론적인 관점에서 좋은 작품을 가리는 일은 문학작품을 역사적인 자료의 하나로 전락시킬 위험이 있다.

효용론적인 관점은 문학 작품에 담긴 도덕적인 교훈을 찾는 데만 방점을 두어 작품들이 주는 다양한 즐거움과 새로움을 경험하는 데까지 이끌지 못한다. 그러나 문학 작품에서 감동과 재미, 공감과 카타르시스를 직접 경험하지 않고서는 문학이 전달하려고 하는 교훈이 효과적으로 전달되기는 어렵다. 표현론적인 관점도 비슷한 문제를 갖고 있다. 우리의 문학 교육은 작가를 강조하지만, 작가를 시대 및 역사와의 관련 하에서만 다룬다. 동일한 시대를 살아가더라도 작가들마다 다른 고유한 관점과 독창적인 상상력에 대해서는 거의 다루지 않는다.

무엇보다 우리의 문학 교육에서는 객관론적인 관점으로 문학 작품을 본다는 것에 대해 지극히 피상적으로만 접근하고 있다. 물론 시어의 특징이나 화자와 어조, 리듬이나 은유 등, 시의 구성요소와 구조적 특징에 대해 배우기는 한다. 그러나 이러한 교육이 처음 보는 작품을 스스로 감상하거나 분석하는 데로 이어지지는 않는다.

이는 객관론적인 관점의 가장 기본적인 전제이며 틀이라고 할 수 있는 문학이란 유기적으로 짜여진 언어적 구조물이라는 전제를 간과하고 있기 때문이다. 즉, 각각의 개념들을 파편적으로만 다루기 때문에 이론적인 개념들은 감상과 비평을 위해 적용할 수 있는 도구가 되지 못한 채, 암기해야 할 지식으로 전락하고 마는 것이다. 이론적 개념들이 필요한 이유는 한 편의 작품이 얼마나 완벽하게 조화를 이루고 있는지 분석하기 위한 것이지 그 개념 자체를 지식으로 알기 위해서는 아니다.

객관론적 관점에서 시를 보는 일의 중요함은 이뿐만이 아니다. 시를 유기적으로 짜여진 언어적 구조물로 보는 객관론적 관점은 시가 언어 예술이라는 점에 주목한다. 즉, 언어 자체, 언어가 사용되는 고유한 방식, 그럼으로써 생겨나는 고유한 효과에 주목하는 것이다.

사실, 이러한 특징을 제외하고는 시가 다른 종류의 글이나 예술과 다르다고 할 만한 것은 없다. 시대적인 사건과 인물을 알기 위해서는 역사책을 보는 것이 더 효과적이며, 종교적인 가르침이나 도덕 경전보다 시가 더 큰 진리를 담고 있다고 말할 수도 없다. 또한 영화나 음악을 듣고도 감동을 받고 즐거움을 느낄 수 있다. 요컨대, 시가 다른 모든 예술 작품과 구별되는 유일한 점은 언어를 사용한다는 점이고, 언어로 된 다른 작품과 구별되는 특징은 언어를 사용하는 방식에 있다. 따라서 시를 언어로 짜여진 구조물로 보지 못한다면 시를 시로서 감상하는 것이라고 하기 어렵다.

나. 객관론적인 관점과 시론

시는 분석의 대상이나 답을 찾기 위한 수수께끼가 아니다. 시를 읽는 것은 언어의 새로운 쓰임을 경험하고 이로써 기존의 언어가 도달하지 못한 것들을 경험하기 위한 것이며, 시에 관한 이론과 개념들은 이 비논리적이고 직관적인 경험을 누구나 납득할 수 있는 방식으로 설명하기 위한 것이다.

객관론적인 관점으로 시를 보기 위한 출발점은 앞서 언급한 것처럼 시를 언어로 짜여진 유기적인 구조물로 보는 것이다. 그리고 발신자와 수신자가 언제나 존재한다는 점에서 대화로 보는 것이다. 마지막으로 이 대화가 일상에서와 다른 방식으로 언어를 사용하고 있다는 점을 포착하는 것이다. 따라서 시의 감상과 분석은 시를 대화의 하나로 보되 언어 자체에 대한 각별한 주의를 기울여야 하는 작업이다. 이를 위해서는 기본적으로 시를 '꼼꼼하게 읽는 것(close reading)'이 중요하다.

작품이 어떤 세계를 반영하고 있는지는 대략의 줄거리만 파악해도 알 수 있고, 감동이나 교훈은 몇몇 구절만 읽고도 느낄 수 있으며, 독창적이고 참신한 발상 또한 작품의 부분에서도 찾을 수 있다. 물론 이러한 방식이 제대로 된 것은 아니지만 우리는 자주 그렇게 한다. 그러나 부분과 전체의 관계, 내용과 형식의 유기적인 조화를 판단하기 위해서는 하나의 음절이나 어휘조차도 소홀히 볼 수 없다.

언어 하나하나에 주의를 기울이며 시에 사용된 언어들이 어떻게 기존의 일상적인 언어와 다른 방식으로 사용되었는지 알아차려야 한다. 작품을 꼼꼼하게 읽지 않으면 하나의 작품이 어떤 요소들로 구성되어 있으며 그것들이 어떻게 결합되어 있고 상호 영향을 미치는지 알 수 없다.

꼼꼼히 읽기와 더불어 시가 소통의 하나라는 것을 유념해야 한다. 우리에게 건네진 말로 인식할 때만이 시는 우리의 삶과 분리되어 있는 언어들의 조합에서 더 나아가 의미있는 발화가 될 수 있다.

이때의 의미는 인생의 진리일 수도 있고, 시인의 개성이나 독자에게 전하고 싶은 깨달음일 수도 있다. 작품을 꼼꼼하게 읽다보면 작품이 그리고 있는 세계와 인간상을 구체적으로 떠올릴 수 있게 되고, 이로 인해 더 깊은 공감과 교훈을 얻을 수도 있다. 또한 언어가 사용된 방식을 파악함으로써 언어예술만이 줄 수 있는 기쁨을 느낄 수도 있다.

이러한 과정과 결과에 대해 시론은 논리적이고 납득 가능한 근거를 말할 수 있게 해준다. 이를 테면, 우리는 어떤 작품이 세계를 진실하게 반영하고 있다는 판단을 할 수는 있지만 그렇게 판단할 수 있는 근거를 제시하는 것은 쉽지 않다. 어떤 작품이 우리에게 어떠한 이유 때문에 쾌락과 깨달음을 준다고 여겨지는지, 또는 어떤 작품이 어떤 이유 때문에 독창적이고 새롭게 느껴지는지를 논리적으로 설명하는 것도 마찬가지다.

시론은 이러한 판단의 근거를 작품에서 직접 찾을 수 있게 도와준다. 미적 쾌감은 언어 재료들이 긴밀히 상호작용하며 완벽한 조화를 만들어 내는 것에서 비롯된다. 우리의 감동과 깨달음의 원천 또한 언어들의 선택과 배치에 따른 결과이다. 플롯을 행동의 모방이라고 한 아리스토텔레스의 정의와 관련하여 보면, 세계의 본질, 진리에 대한 적확한 모방은 작품의 형식적 완결성으로 구현된다. 마지막으로, 작가의 독창성, 개성 역시 그 자체로 확인할 수 없으며 작품에서 언어가 사용되는 방식에 의해 드러난다.

물론 한 작품의 가치와 의미를 온전히 파악하기 위해서는 객관론적인 관점만으로 충분하지 않다. 어떤 작품을 모방론적인 관점에서 판단하기 위해서는 그 작품이 그리고 있는 세계에 대한 이해가 병행되어야 한다. 역사나 사회, 문화와 경제 등에 대한 이해 없이는 그 작품이 세계의 핵심을 제대로 반영했는지 여부를 판단하기 어렵다. 효용론적인 관점에서 작품을 파악하기 위해서는 독자들의 독서 경험에 대한 성찰과 객관화가 필요하다. 어떤 작품의 독창성을 진단하기 위해서는 다른 작품 및 다른 작가와의 비교가 필수적이다.

다시 한 번 강조하지만, 이 모든 작업들에 앞서 한 편 한 편의 문학 작품을 문학 작품으로서 읽는 것이 필요하다. 즉, 문학 작품의 언어적·구조적인 특징을 파악하는 토대 위에서 이것이 반영하는 세계의 진실과 우리에게 전달하는 감동과 깨달음, 그리고 유일무이한 독창성을 파악할 때 작품을 총체적으로 판단한다고 할 수 있다. 이것이 바로 시론의 필요성이다.

제 2 부

제3장 시는 대화다
제4장 화자와 어조
제5장 어조의 종류

제3장 시는 대화다

1. 시인과 독자

아래 도식은 시가 시인과 독자 사이에 이루어지는 일종의 대화임을 보여준다. 서사학에서 차용한 도식이지만 시 또한 언어구조물이라는 점에서 동일하게 적용할 수 있다.[3]

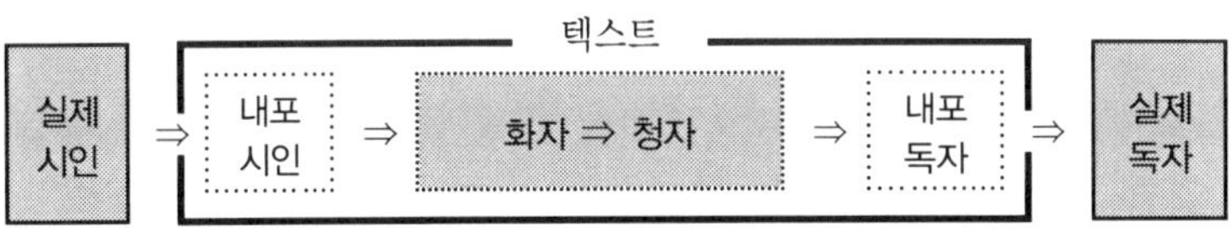

실제의 대화와는 달리 이 도식에서는 실제로 말하고 듣는 시인과 독자 이외에도 <내포 시인-내포 독자>, <화자-청자>라는 대화의 쌍이 추가로 고려되고 있다. 우선, 내포 시인, 내포 독자는 각각 실제 시인이 떠올리는 독자, 실제 독자가 떠올리는 시인을 의미한다. 실제 시인은 창작을 할 때 미지의 독자를 예상하면서 작품을 쓴다. 마찬가지로 독자는 그 텍스트를 읽으며 그 텍스트를 생산한 시인을 떠올린다. 그러나 이때 시인이 가정한 독자, 그리고 독자가 가정한 시인이 실제 그 시를 읽는 독자와 실제 그 시를 쓴 역사적 시인과 동일한 존재는 아니다.

3) S. 채트먼, 한용환 역, 『이야기와 담론』, 고려원, 1990, 179쪽.

이들은 서로에 의해 가정되고 추측된 존재일 뿐이다. 이처럼 텍스트를 통해 가정되고 추측된 존재들을 실제 시인과 독자와 구별하기 위한 용어가 내포 시인, 내포 독자이다.

화자는 모든 대화 상황에서 말하는 사람을 가리킬 때 흔히 사용하는 명사이다. 따라서 시를 누군가가 하는 발화라고 때, 그 발화를 하는 바로 그 '누군가'를 화자라고 할 수 있다. 청자란 그 화자가 말을 건네는 존재로서, 화자가 누군가를 명시적으로 부르고 있는 경우에 존재가 분명하게 드러난다.

이 도식과 관련하여 두 가지 생각해볼 문제가 있다. 하나는 시를 대화라고 할 때 누구와 누구의 대화인가 하는 점이고, 다른 하나는 화자는 당연히 시인인가 하는 점이다. 첫 번째 문제부터 생각해보자.

일반적으로 시는 시인과 독자의 대화라고 생각한다. 그러나 이는 이론적으로만 그럴 뿐, 실제로 시를 감상할 때에는 양상이 조금 다르게 나타난다. 시가 표현하고 있는 정서, 시가 보여주는 풍경과 사유 등을 시인이 보고 경험하고 느낀 것으로 한정짓고, 독자인 우리는 수동적인 입장에서 이를 파악해야 한다고 생각하기 때문이다. 이러한 식의 감상은 시를 대화로 보는 것과도 거리가 멀고, 바람직한 대화도 아니다.

우선, 시에 담긴 시인의 의도를 파악하는 일은 말처럼 쉬운 일이 아니다. 하나의 작품을 읽고 주제를 파악하고 통일된 정서를 느끼고 새로운 통찰을 발견하는 일이 불가능하다는 말이 아니라 그것이 과연 시인이 의도했던 바로 그것이었다고 확인하기 어렵다는 것이다.

가장 직접적인 원인은 독자가 시인과 직접 대면하고 있지 않다는 사실에 있다. 시인의 시작 노트나 시론 등을 참조할 수 있다면 우리가 시에서 파악한 것이 시인의 의도와 일치하는지 그렇지 않은지 비교할 수도 있겠지만, 그런 경우는 극히 드물다. 뿐만 아니라 시인의 의도를 안다고 해도 그 의도를 그대로 믿을 수 없다. 시가 반드시 시인의 의도대로 지어지는 것은 아니며, 시인이 분명하고 일관된 의도를 갖고 한 편의 시를 짓는 것도 아니다.

한 편의 시를 탄생하게 만드는 시상(詩想)이라는 것이 있다는 것은 부정할 수 없지만 이것이 작품을 쓰는 처음부터 끝까지 시종일관 유지되는 것은 아니다. 일관된 의도를 갖고 시종일관 그 의도에 따라 글을 쓴다는 생각에는 언어가 의미를 담는 그릇이라는 관점이 깔려 있다. 그러나 언어는 의도, 주제, 정서, 관념이 부어지기를 기다리는 그릇이 아니다. 언어는 자기가 가고 싶은 곳으로 가려고 고집을 부리는 말에 더 가깝다. 시인은 하나의 단어 뒤에 이어질 수 있는 무수히 많은 가능성 앞에서 매순간 하나의 선택을 해야 하며, 그 최종 목적지는 자신이 처음에 의도했던 것과 다를 수도 있다.

이러한 사실은 우리의 일상적인 대화 상황에서도 마찬가지다. 나의 의도를 벗어나는 말들, 대화를 할수록 확장되고 수정되며 심지어 처음의 의도와는 정반대의 방향으로 이어지는 말 때문에 당황한 경험은 누구나 있을 것이다.

물론 글을 쓰는 일, 혹은 시를 비롯한 문학 텍스트는 우리의 일상적인 대화와는 다르다고 반박할 수 있다. 이러한 글들은 일상의 대화와는 달리 발화의 의도가 어느 정도 분명해진 다음에 쓰기 시작하는 경우가 많고, 쓰는 동안에도 상대와의 상호작용이 없기 때문에 작가의 통제가 가능하며 또한 글을 쓴 다음에도 퇴고를 통해 의도를 선명하고 일관되게 만들 수 있다고 말이다.

그러나 이러한 생각에도 맹점이 있다. 시인은 시를 쓰면서 실제 독자와 직접적으로 상호작용을 하지는 않지만, 자기 자신과 끊임없이 상호작용을 한다. 그리고 자기 자신이야말로 가장 변덕스럽고 믿을 수 없는 존재이다. 뿐만 아니라 시인은 자신의 생각과 표현이 어떻게 받아들여질 지 내포 독자와도 대화를 한다. 따라서 처음의 의도가 있었다 하더라도 그것이 온전하고 일관되게 한 편의 작품 속에 구현되기는 어렵다.

설사 시인의 의도가 작품에 온전히 표현이 되고, 독자 또한 그 의도를 온전히 읽어낸다고 해도, 그것이 곧 작품의 의미 그 자체도, 전부도 아니다. 의미 혹은 의도를 최종적으로 현실화시키는 것은 독자이며, 독자는 끊임없이 작품에 개입하며 시인의 의도를 오염시키고 왜곡시키기 때문이다.

독자의 읽기는 작품을 대상으로 하지만, 그렇다고 작품에 완전히 종속되지도 않는다. 주어진 언어적 자료를 기본으로 하여, 그 언어가 속해 있는 문화와 언어 규칙 같은 객관적인 조건들을 참조하고, 다른 한편으로는 독자 개인의 경험과 문화적 배경, 그리고 심리적 흔적 같은 주관적인 조건들을 투사한다.

따라서 시가 대화의 일종이라고 할 때에는, 이 대화가 상호적인 작용이라는 사실이 강조되어야 한다. 즉, 시인이 쓴 것을 독자가 읽고, 시인의 의도를 파악하는 일방향적인 것이 아니라 시인과 독자가 함께 시를 만들어 간다는 의미로 보아야 한다. 이러한 생각을 구체화시키기 위해 비평과 감상에 필요한 개념이 '화자'이다.

2. 화자의 정의와 시인과의 관계

시를 대화의 일종으로 볼 때 생각해 볼 두 번째 문제는 '화자'가 누구인가 하는 점이다. 화자가 춘향이나 홍길동처럼 허구적인 인물로 설정되거나, 어린이나 망자(亡者)처럼 시인이 아니라는 증거가 분명하게 나타나는 경우가 아니면, 우리는 시적 발화를 하는 화자를 당연히 시인이라고 생각한다. 특히 '나'라는 1인칭 주어가 사용되었을 때 이러한 경향이 더 강하다.

그러나 이 1인칭 주어의 주인을 시인이라고 보는 것은 중요한 문제를 내포한다. 다음 작품을 통해 이러한 문제에 대해 구체적으로 생각해보자.

> 웅희야! 너는 갔구나
> 엄마가 뉜지 아비가 뉜지
> 너는 모르고 어디로 갔구나!
>
> 불쌍한 어미를 가졌기 때문에
> 가난한 아비를 두었기 때문에
> 오자마자 네가 갔구나.
>
> <중략>
>
> 지나간 오월에 너를 얻고서
> 네 어미가 정신도 못 차린 첫 칠날
> 네 아비는 또 다시 갇히었더니라.

그런 뒤 오은 한해도 못 되어
갖은 꿈 온갖 힘 다 쓰려던
이 아비를 버리고 너는 갔구나.

- 이상화, 「곡자사」에서

「빼앗긴 들에도 봄은 오는가」로 유명한 이상화가 1929년에 발표한 작품이다. 다소 길기는 하지만 이 작품을 다 읽고 나면 너무 이른 나이에 세상을 떠난 자식에 대한 그리움을 토로하고 있음을 알 수 있다. 이 시를 읽고 우리는 이 시를 발화하는 존재, 즉 '웅희'라는 자식을 잃고 애절하게 그리워하는 사람을 당연히 이상화라고 생각한다. 이 시를 이상화가 썼다는 점, 이 시의 내용과 비슷한 전기적 사실이 확인된다는 점 등이 이러한 생각을 더욱 확고하게 한다.

실제로 이상화는 「곡자사」를 발표하기 3년 전인 1926년에 장남을 얻는데, 이상화가 의열단 사건에 연루되어 경찰에 구금을 반복하고 있던 시기이다. 다만, 실제 장남의 이름이 시에서와 달리 '웅희'가 아니라 '용희(龍熙)'이며, 장남 용희는 이상화가 위암으로 작고한 1943년까지만 해도 살아있었다는 증언[4]이 있다. 따라서 이러한 불일치만 해결된다면, 이 작품의 화자를 이상화 자신이라고 보는 것은 전혀 문제될 게 없을 것 같다.

그러나 설사 위와 같은 전기적 사실과 작품 사이의 사소한 불일치가 해결된다고 해도, 그리고 이 시를 쓴 사람이 실제 이상화라고 해도

4) 김학동, 『이상화 평전』, 새문사, 2015, 85쪽; 이상규 편, 『이상화시전집』, 정림사, 2001, 992~993쪽.

시의 화자를 실제 시인으로 보는 관점에는 문제가 있다. 시의 화자를 시인으로 보는 것은 시를 문학이 아닌 실제로 발생한 일의 기록, 혹은 개인의 경험과 사유를 기록한 일기로 취급하는 것이나 다름없다는 점이다.

그러나 시는 역사도 아니고, 철학도 아니며, 심지어 일기도 아니다. 시를 포함한 문학이 사상이나 철학을 담은 다른 글, 자신의 주관적 감정을 표현하는 일기나 편지와 근본적으로 다른 점이 있다면, 그것은 허구적이라는 사실이다. 이때 허구란 거짓, 만들어 낸 가짜라는 의미와는 거리가 멀다. 물론 허구는 상상력의 산물이지만, 그렇다고 해서 그것이 진실이 아니라는 뜻은 아니다. 오히려 사실을 가공한 허구이기 때문에 이 세계와 인간의 삶에 대한 진실이 더 보편성을 띨 수 있다.

아리스토텔레스가 『시학』 9장에서 '역사'보다 '시'가 더 철학적이고 심각하다고 말한 것도 이와 같은 이유이다. 즉, 실제로 일어난 일에 기반하고 있더라도 이를 가공하여 보편성을 확보하도록 만들기 때문에 어떤 면에서는 진리를 전달하는 데 더 뛰어나다는 것이다. 이때의 보편성이란 "개연성이나 필연성에 의하여 어떤 종류의 인물이 어떤 종류의 말이나 행동을 함직함"을 의미하는 것으로서,[5] '실제로 일어남'이 아니라 '함직함'에 의해 확보된다는 것이 중요하다. 이 '함직함'이 바로 허구성이다.

마찬가지로 시를 허구로 읽을 때 비로소 작품은 작가의 개인적 경험, 그 작품이 쓰여진 시대나 역사적 사실로부터 자유롭게 되며 보편성을 갖게 된다.[6] 허구로서 작품을 대한다는 것은 실제로 일어났던 역

5) 아리스토텔레스, 이상섭 역, 『시학』, 문학과지성사, 1993, 37~38쪽.
6) 테리 이글턴, 박령 역, 『시를 어떻게 읽어야 하는가』, 경성대학교 출판부, 2010, 60쪽.

사적 사실들을 괄호 안에 넣고 작품을 읽어도 좋다는 일종의 허가나 마찬가지다. 아무리 자전적인 내용이라 해도 그것이 문학인 이상 우리는 그것을 허구로서 읽을 의무가 있는 것이다. 그리고 이것은 시가 출현한 맥락으로부터 시를 떼어내서 그 시를 읽는 독자 자신의 맥락-시대, 문화, 개인적인 상황-속으로 끌어들여야 한다는 것을 의미한다.

화자를 시인과 구분하는 것은 시를 시답게 감상하기 위해, 즉 시를 허구로서 바라보기 위한 전략이라고 할 수 있다. 화자란 시가 담고 있는 허구적 세계의 주인공이며, 작품을 읽으며 독자가 구성해 내야 하는 존재이다. 말하자면, 시인과 독자의 대화의 산물인 것이다. 따라서 한 편의 시를 읽는 일은 그 시를 통해 시인과 대화하는 일이며, 그를 통해 화자를 추측하고 화자를 이해하고 공감하는 일이 된다.

시를 읽는 것을 이와 같은 식으로 생각한다면 한 편의 시를 읽는 일에 대한 공포는 훨씬 줄어들 수 있다. 고도의 독해 능력이나 감수성이 필요한 난해한 수수께끼를 푸는 것이 아니라 우리가 늘 해오던 대화의 연장에서 시 읽기를 생각할 수 있기 때문이다. 또한 화자라는 인격체의 발화로 시를 읽게 됨으로써 시를 특수한 기법이나 언어적 구조물로 보는 것에서 세계에 대한 인간적인 반응으로 보는 일로의 도약이 가능해진다.

3. 화자와 비슷한 다른 개념들

현대시가 출현할 때부터 화자를 시인과 구분한 것은 아니다. 현대시가 처음 등장할 때는 화자라는 개념도 없었고, 작품 속 인물과 실제 시인의 관계에 대한 자각도 없었다. 낭만주의의 영향 하에서 시가 성립된 만큼 시는 시인의 개성을 표현한 것으로 여겨졌으며, 시의 1인칭 인물은 당연히 시인 이외에 누구도 될 수 없었다.

시를 언어예술로 보기 시작하면서 시 속의 존재를 시인과 구분하여 부르는 개념이 등장한다. '서정적 자아'나 '시적 자아', '퍼소나'가 그것이다. 그러나 이들 용어들이 뿌리를 내리고 있는 시관은 각기 다르며, 사용되는 맥락 또한 다르다.

가령, '서정적 자아'나 '시적 자아'라는 용어에는 '주체'가 아닌 '자아'라는 말이 들어 있는데, 이러한 용어에는 '자아'라는 말에 담긴 의미, 즉, 우리는 우리의 생각과 행위의 주인으로서 통일되고 안정된 상태로 존재하는 것이라는 관점이 전제되어 있다. '서정적'이라는 개념은 시를 개인의 정서를 표현하는 것으로 보는 전통적인 시관과 결부되어 있는 반면, '시적'이라는 개념은 시를 이보다 확대된 개념, 즉, 개인의 정서뿐만 아니라 논리적 사유나 사회적 의식, 혹은 언어에 대한 자의식 등을 표현하는 것으로 이해하게 된 흐름과 결부된다. 따라서 시적 발화를 단 하나의 통합된 인격체의 말로 보기 어려운 시에 대해서 '서정적 자아'나 '시적 자아'라는 용어를 사용하는 것은 적합하지 않다.

한편 고대 그리스의 연극이나 융의 심리학에서 의미있게 사용되는 '가면'이라는 뜻의 '퍼소나'는 말을 하는 존재라는 의미와 더불어 특정한 역할, 혹은 배역을 수행하는 존재라는 의미가 내포되어 있다. 그러나, 퍼소나라는 개념은 심리학적인 배경에 뿌리내리고 있는 만큼, 이 개념 또한 역할을 수행하는 통일되고 안정된 존재, 즉 '자아'를 전제한다.

'시적 주체'라는 말은 가장 최근에 등장한 용어인데, 여기에서 중요한 개념은 구조주의나 정신분석학에 뿌리를 두고 있는 '주체'라는 용어이다. 구조주의나 정신분석학은 우리 인간은 우리가 생각하는 것만큼 다른 사람과 구별되는 고유한 특질을 가진 안정적인 존재가 아니라는 관점을 주장한다. 나를 나라고 확정지어주는 '정체성'이란 오로지 사회적 관계 안에서 사후적으로 부여되는 것이며, 그나마도 계속해서 변화하며 구성되는 과정 중에 있다.

이러한 구성은 언어 작용을 통해 이루어지는데, 언어를 통해 자신의 생각과 감정을 표현하며 '나'라고 말할 수 있는 통일된 정체성을 구성해 가는 것이다. 이때의 통일되고 안정된 '나'는 언어작용에 의해 생겨나는 일시적인 효과일 뿐이다. 이러한 특징을 강조하기 위해 주체를 '말하는 주체'라고 부르기도 한다.

우리의 맥락에서 사용하는 화자라는 개념은 바로 이러한 의미에 가깝다. 즉, 화자는 시인의 분신이나 대변인이 아니라 독자가 시를 읽음으로써 구성해야 하는 존재인 것이다. 이런 점에서 화자는 대명사와 비슷하다. '그는 산을 좋아한다'의 '그'는 처음에는 텅 비어 있거나 흐릿한 윤곽으로만 존재한다. 그의 정체는 문장을 읽어가면서 서서히 드러나기 시작하고 그 문장을 끝까지 다 읽었을 때 그 의미가 온전히 드러난다. 그러나 이어지는 다음 문장에 의해 이 의미는 다시 조정되고 변형된다. 시의 화자 역시 처음에는 말하는 존재를 가리키는 의미만 갖고 있는 텅 빈 부정형으로 존재하고 있다가 시인이 제공한 어휘들을 독자가 연결하고 선택하고 종합하면서 정체가 드러난다.

이러한 점에서 '시적 주체'나 '화자'라는 개념은 '서정적 자아', '시적 자아', 혹은 '퍼소나' 등과 정반대의 맥락에 놓여 있다고 할 수 있다. '서정적 자아', '시적 자아', 혹은 '퍼소나' 등은 각기 다른 맥락에서 발생하여 다른 함의를 갖고 있기는 하지만 우리 인간이 본래부터 안정적인 정체성을 가진 존재이며 자율적으로 생각하고 말하며 행동한다고 보는 관점과 연관된다는 점에서 동일한 부류로 묶인다. 또한 이들은 모두 시인이 의식적으로 선택한 시인의 분신이라는 함의가 강하다. 반면, 우리가 사용하는 화자라는 개념은 시인과 독자의 대화로 시를 보고, 독자가 시인과 동등한 입장에서 시적 발화를 읽으며(말하며) 구성해낸 결과물을 지칭하는 것이다.

4. 시 읽기와 화자의 구성 방법

독자가 시를 읽으며 화자를 구성하는 과정은 곧 시를 읽는 과정이다. 이 과정은 처음 만난 사람과 대화하면서 그를 이해하고 파악하는 과정과 흡사하다. 우리에게 주어진 것이라고는 상대가 하는 말밖에 없다. 그가 전달하고 있는 말의 내용이 그를 파악하는 유일한 단서다. 그의 말에 담긴 내용 이외에도 대화 상대를 이해하는데 영향을 미치는 것들은 많다. 어떤 어휘를 선택하는가, 어떤 구문의 문장들을 구사하는가, 어떤 표현 방식을 선호하는가 등도 화자가 어떤 존재인지 파악하는 중요한 단서가 된다.

이를 테면, 지적인 어휘를 선택하여 논리정연하게 말을 할 수도 있고, 일상의 어휘를 선택하여 평이하게 말을 할 수도 있다. 논리적 비약이나 과장이 심할 수도 있고, 철저하게 인과 관계에 따라 사실만 이야기할 수도 있다. 어떤 사람은 독창적인 비유를 구사하는가 하면, 어떤 사람은 최대한 감정을 절제하고 무미건조하게 이야기할 수도 있다. 문장을 온전하게 끝맺지 못하는 경우, 단문보다 종속적으로 구성된 복문을 더 많이 사용하는 경우, 상대방의 동의를 구하는 표현을 자주 사용하는 경우, 단정적이고 확고하게 말을 맺는 경우 등, 어떤 면에서는 말의 내용보다도 말하는 방법이나 말하는 데 사용하는 재료들이 상대에 대해 더 많은 것을 알려준다.

일상의 대화와 달리 시적 대화에서는 이 모든 것은 오로지 종이 위에 주어진다. 그런 점에서 시적 대화는 면대면의 대화보다는 편지를 통한 대화에 더 가깝다. 따라서 시를 읽는 일은 중요한 사람에게 온 편지를 읽듯, 어휘 하나, 행 바꿈 하나하나에 주의를 기울이며 읽고 상대에 대해 파악하는 일이다. 그의 생각과 감정, 의도는 물론이고 이 모든 것들이 뿌리내리고 있다고 생각되는 상황과 맥락을 구성하는 일이다.

이 과정은 또한 독자가 자신과 끊임없이 대화하는 과정이기도 하다. 한 문장 한 문장을 읽을 때마다 이 사람은 왜 이런 말을 했을까, 이 말은 진심일까, 이 말에 담겨 있는 뉘앙스는 조롱인가 냉정한 충고인가 등등의 의문이 떠오른다. 말하자면 문장 하나하나가 우리에게 대답해야 할 질문이 된다. 그리고 우리는 그 질문들에 대해 나름의 대답을 찾아가며 화자를 구체화해 나간다.

시의 화자를 구성하기 위해 시를 읽으며 반드시 대답해야 질문들을 다음과 같은 세 가지로 정리할 수 있다. 첫째, 작품을 읽으며 어떤 구체적인 이미지가 떠오르는가. 둘째, 그 이미지들을 떠올릴 때 어떤 느

낌이 드는가. 셋째, 왜 그와 같은 이미지가 떠오르고, 또 그와 같은 느낌을 갖게 되었는가.[7]

첫 번째 질문에 대한 답을 찾기 위해서는 주어진 텍스트의 언어적[7] 표현들을 읽으면서 구체적인 장면들을 떠올려야 한다. 무엇이 보이는가, 무슨 소리가 들리는가, 어떤 감촉이 느껴지는가 등과 같은 구체적인 질문들을 던지며 시에 제시된 언어들을 근거로 그 답을 찾는다. 이 과정은 결국 언어를 재료로 하여 머릿속에 하나의 세계를 구체화시키는 일이며, 상상력을 적극적으로 발휘하여 시의 언어로부터 이미지를 떠올려야만 가능한 일이다.

이렇게 머릿속에 그려진 세계는 한 인격체로서의 화자가 거주하는 세계로 가정된다. 우리가 작품을 기반으로 상상해낸 세계가 곧 화자가 보고 듣고 경험하는 세계가 되는 것이다. 이로써 1인칭 주어, 아무런 내용도 담고 있지 않던 주어는 시적 세계 내에서 생각하고 느끼고 행동하는 인격체로 구체화된다.

시적 발화들을 통해 하나의 구체적인 세계와 인격적인 화자를 떠올리면서 동시에 어떤 주관적인 느낌들을 느끼는지 인지해야 한다. 만약 내가 화자와 같은 상황에 처해 있다면, 화자가 보고 듣고 경험한 것을 나 역시 경험한다면 어떠한 느낌이 들 것인가, 이러한 소리는, 이러한 냄새와 촉감 등은 어떤 느낌을 불러일으키는가와 같은 질문에 대한 답을 하는 것이다.

직접적으로 자신의 감정을 표현한 시어들이 있다면 이를 참조할 수

---

7) 보다 자세한 내용은 다음 책을 참고할 것. 윤지영, 『시와 마음읽기』, 신아사, 2017, 123~150면.

도 있지만, 그렇지 않더라도 이미지를 충분히 재생할 수 있었다면, 그 과정에서 독자들은 주관적인 정서를 자연스럽게 느끼게 된다. 이미지는 현실세계의 모사에 그치는 것이 아니라 그 세계와 관련된 경험까지 포함하고 있기 때문이다. 즉, 이미지는 주관적인 정서를 환기시키는 매개가 된다. 그러나 보통 시를 읽을 때 우리는 이러한 느낌이나 정서들을 놓쳐버리거나 무시해버리곤 한다. 시를 읽으며 어떤 정서나 느낌을 가졌다 하더라도 그것을 부수적이거나 무의미한 것이라고 치부하며 우리의 정서적 반응을 의심하고 무시한다. 시 읽기를 독자 개인의 정서적인 체험으로서 경험하기보다는 숨어 있는 주제나 시인의 의도를 찾아야 하는 과업으로 경험하도록 훈련받았기 때문이다.

마지막으로 독자가 대답해야 하는 질문은 '왜'에 관한 것이다. 이 질문은 시를 읽는 과정에 대한 메타인지를 촉발시키는 것으로서, 이제까지 이루어진 읽기 과정을 반추할 것을 요구한다. 즉, 왜 그와 같은 이미지들을 떠올렸는가, 왜 그런 감정을 느꼈는가를 생각해보는 것이다.

이러한 질문은 두 가지 차원에서의 반성적 사고를 요한다. 하나는 언어와 텍스트 내적 논리에 대한 인식, 다른 하나는 독자 자신의 논리에 대한 인식이다. 텍스트에 대한 반응은 한편으로는 텍스트로부터 촉발되고, 다른 한 편으로는 독자의 경험 같은 외적인 맥락, 즉 콘텍스트로부터 촉발되기 때문이다.

우선, 우리가 떠올린 이미지나 세계, 그리고 감정 등이 텍스트의 어떤 요인에 의해 생겨난 것인지를 생각해 보아야 한다. 그 요인은 언어의 선택 및 배열과 연관된다. 이를 테면, 비슷한 뜻을 가진 다른 많은 어휘들 가운데 하필이면 그 어휘가 선택되었기 때문에, 다른 식으로 표현되었을 수도 있는데 하필이면 작품에 제시된 그와 같은 방식으로 표현되었기 때문에 우리에게 특정한 이미지와 정서를 불러일으킨다. 또는 비약과 반복, 그리고 과잉과 결핍 때문에 특정한 이미지나 정서를 느끼게 된다. 이처럼 우리가 떠올린 이미지들이나 감정의 촉발 요인을 작품 내에서 찾는 일은 작품의 조직과 구조를 파악하는 일이라고 할 수 있다. 시에 대한 이론적 지식이 필요한 지점은 바로 이 단계이다.

그러나 동일한 작품을 읽었다고 해서 모든 독자가 동일한 구조나 조직들을 간파해내는 것은 아니다. 구조나 조직은 작품에 객관적으로 내재해 있는 것이 아니라 독자가 저마다 구성하고 도출하는 것이다. 독자로서 우리는 개인적인 경험이나 상태에 따라 텍스트에 존재하는 요소 가운데 어떤 요소에는 집중하고 어떤 요소는 누락한다. 시어와 시어들 사이의 유사성을 찾을 수도 있지만 찾지 못하기도 한다. 이러한 차이로 인해 동일한 작품에서도 독자마다, 그리고 읽을 때마다 각기 다른 화자를 구성하게 된다.

우리의 개인적인 경험 이외에 참조해야 할 외적인 맥락은 또 있다. 시에서 우리에게 주어진 언어 정보가 절대적으로 부족하기 때문에 이 과정은 불가피하다. 시라는 장르가 갖고 있는 특정한 관습에 대한 이해를 비롯하여, 우리가 경험하는 사회와 문화에 대한 이해 등이 여기에 개입하게 되는 것이며, 이는 시를 읽는 독자마다 다르다. 따라서 우리가 특정한 장면이나 감정을 갖게 된 원인을 작품 외적인 맥락에서 찾는 일은 우리 자신의 경험과 배경 지식을 점검하는 일이라고 할 수 있다.

이상의 단계들을 거쳐 화자의 정체를 구성해 내고 그에 대한 정서적 반응 및 언어적 특징까지 파악하게 된다면, 우리는 화자가 우리의 주관이 투사된 결과물에 지나지 않으며 실체가 있는 것도 아니고 유일한 진실도 아니라는 점을 알게 된다. 잠시 동안 어떤 인상과 감정, 시적인 세계를 만난 것뿐이며, 이것은 우리가 만들어낸 환영이다. 우리는 끝내 우리가 만든 이 환영이 진실인지 거짓인지 알 수 없다.

우리가 만든 화자가 진실인지 거짓인지 알 수 없다는 점, 독자마다, 그리고 읽을 때마다 화자가 다르게 구성된다는 점은 한편으로 우리에게 시 읽기의 자유와 새로운 발견의 기쁨을 선사한다. 그러나 동시에 최종적인 실체를 알 수 없다는 감각이 불안과 절망을 안겨주기도 한다. 이는 비단 우리가 정답을 찾는 시 읽기에 익숙하기 때문만은 아니다. 모든 자유는 언제나 불안을 동반하는 법이다. 그리고 시는 본질적으로 언어를 통해 무한한 자유를 추구하는 시도 그 자체이다. 결론적으로 진정한 시 읽기라면 우리에게 불안과 자유를 동시에 선사한다. 역설적이게도, 무한함, 끝없음이 초래하는 불안 때문에 우리가 일시적으로나마 마주친 환영, 순간적으로 찾아왔던 공감의 경험이 더욱 큰 의미를 갖게 된다. 그 경험 자체가 반복될 수 없이 유일무이한 것이기 때문이다..

이론상으로는 언제나, 그리고 저마다 다른 화자를 구성하지만 실제로도 그런 것은 아니다. 시를 읽는 과정에서 우리가 참조하는 텍스트 외적 맥락은 엄청나게 많은 정보로 가득 채워져 있지만, 그것을 시와 연결지을 때 터무니없이 임의적으로 연결 짓지는 않는다. 우리가 생명체라는 점에서 갖게 되는 감정들은 자연스럽고 보편적일 가능성이 높으며, 동일한 언어를 사용하는 문화 속에 살면서 갖게 된 세상에 대한 관점 역시 어느 정도 보편성을 갖는다. 따라서 각자가 구성한 화자를 서로 비교해본다면, 세부적인 사항은 다소 다르지만 어느 정도는 유사한 화자를 확인할 수도 있다. 이러한 공감은 시인과 독자의 대화를 넘어 독자와 독자의 대화로 확장되기 위해 필요한 과정이다.

제4장 화자와 어조

1. 화자의 유형에 관한 문제

시의 화자를 파악하는 것은 시를 전체적이고 종합적으로 이해하는 일이라고 할 수 있다. 화자를 구성하기 위해서는 시의 언어와 구조, 전략 등을 면밀히 살피고 이들을 종합하여 최종적인 하나의 상을 만들어 내야하기 때문이다. 화자는 시의 모든 구성 요소가 상호 작용하며 만들어 내는 최종적 효과인 것이다.

그렇게 해서 구성해낸 화자는 시의 수만큼 다양하다. 어쩌면 개별 시의 수보다 더 많은 화자가 있을 수 있다. 한 편의 작품에서도 독자마다 다른 화자를 떠올릴 수 있기 때문이다. 화자에 대한 이해를 돕기 위해 이렇게 무수한 종류의 화자를 유형으로 분류하기도 한다. 여성이냐 남성이냐, 지식인이냐 노동자냐, 어린이냐 청년이냐 노인이냐, 도시에 사느냐 시골에 사느냐 등등의 분류가 그것이다.

그러나 화자의 유형을 분류하는 것은 쉬운 일이 아니다. 모든 화자의 종류를 일관되게 분류하는 기준을 찾기도 어려울 뿐 아니라, 설사 그러한 기준이 있다고 해도 인간의 유형 분류가 그렇듯 지나치게 포괄적이거나 지나치게 세부적이어서 개별 작품을 감상하는 데는 딱히 도움이 되지도 않는다. 또한 화자의 유형을 구분한다는 생각은 자칫 화자가 작품 이전에 본질적이고 초월적으로 존재한다고 생각하게 만들 위험도 있다. 앞서 이야기했던 것처럼 어떤 시를 끝까지 읽기 전에는 그 시의 화자가 어떤 존재인지 알 수 없는데도 말이다.

개별 작품을 감상하는 데 화자의 유형을 아는 것이 크게 도움이 안 되는 것은 사실이지만 작품의 유형론이나 시적 경향 및 시사(詩史)와 관련해서는 유용한 면이 있다. 예를 들어, 20년대 낭만주의 시는 대부분 여성 화자로 나타난다. 또한 생태주의적 주제를 다루는 시들은 여성 화자 중에서도 모성적인 화자가 많으며, 90년대 이후 시에 나타난 여성 화자들은 분열적인 양상이 많이 드러난다.

이처럼 화자의 유형을 기준으로 작품을 보게 되면, 특정한 유형의 화자들이 어째서 특정 시대에 집중적으로 등장하는지, 왜 어떤 시인에게서는 특정한 유형의 화자가 선호되는지와 같은 흥미로운 질문거리들을 발견할 수 있다. 말하자면, 화자의 유형에 대해 생각한다는 것은 객관론적 관점에서 시를 보는 것을 넘어서서 시 형식의 사회성이라든지 이데올로기의 문제, 시인의 독창성과 같은 문제들을 고찰하는 데 도움이 된다.

그럼에도 불구하고 앞서 언급한 것처럼 화자의 유형을 분류하는 일은 결코 수월한 일이 아니며, 생산적인 유형화는 더욱이 수월하지 않다. 더욱이 여성 화자나 노동자 화자 같은 식의 유형 분류는 그것이 성별이나 나이, 계층 등과 언어의 관계를 살피는 사회언어학적 근거에 의해 도출한 것이라 해도 성별, 나이, 계층 등에 대한 선입견을 재생산하는 것이 되기 쉽다. 따라서 작품을 이루는 요소들의 종합적 효과라고 할 수 있는 화자의 특징을 보다 분석적이고 중립적으로 설명할 수 있는 개념이 필요하다. 어조(tone)가 그것이다.

2. 어조의 정의와 유형화 방법

어조는 고백적·영탄적·회고적·격정적·냉소적·조롱의 어조 등의 용법이 말해주듯, 일상의 대화에서도 일반적으로 사용되는 용어이다. 시론에서는 어조를 시의 '내적 형식 가운데 하나'로 보면서, '화제, 청자, 그리고 화자 자신에 대한 화자의 태도(attitude)'라고 정의한다.[8] 한편으로는 언어학과 관련이 있으면서, 다른 한편으로는 인간의 행동이나 태도와 관련이 있는 개념이라고 할 수 있다.

이러한 정의가 말해주듯, 어조라는 개념은 동일한 유형에 속하는 화자라도 다른 태도를 가질 수 있다는 것을 전제한다. 예를 들어 같은 지식인 화자 혹은 노인 화자라고 해도 다른 어조를 사용할 수 있으며, 어조라는 개념은 이러한 차이들을 드러내 줌으로써 작품의 언어적 효과는 물론 정서와 사유를 보다 섬세하게 구별하는 데 도움을 준다.

어조는 화자보다 체계적이고 논리적으로 유형화할 수 있다는 장점도 있다. 어조의 정의에서 그 기준을 도출할 수 있다. 다시 어조의 정의를 보자. '화제, 청자, 그리고 화자 자신에 대한 화자의 태도'라는 정의는 결국 화자의 태도를 결정짓는 요인에 관한 것으로서, 이를 어조의 유형을 분류하는 기준으로 삼을 수 있다. 일상적인 대화에서는 화자의 태도에 영향을 미치는 요인들이 예측할 수 없을 정도로 다양하다. 하지만 언어적 구조물인 시의 경우에는 대화를 이루는 핵심적인 요소인 화자, 화제, 청자로 한정할 수 있다. 이에 따라 어조는 화제에 대한

8) Cleanth Brooks and Robert Penn Warren, *Understanding Poetry*(Third edition, New York: Holt, Rinehart and Winston, 1960/1938), p.181.

화자의 태도, 청자에 대한 화자의 태도, 화자 자신에 대한 화자의 태도의 세 가지로 나누어 생각하고, 이들 각각의 구체적인 유형을 다시 세부적으로 구분할 수 있다.[9]

여기에서 유의할 점은 어조가 화제, 청자, 화자 자신이라는 세 가지 요소 가운데 어느 한 가지에 의해 배타적으로 결정되는 것은 아니라는 점이다. 유사한 화제를 다루더라도 청자와의 관계에 따라 화자의 태도가 달라질 수 있는 것처럼 이 세 가지 요소들은 화자의 태도에 복합적으로 영향을 미친다. 따라서 화자의 태도에 지배적인 영향을 미치는 것을 기준으로 어조의 유형을 구분하고, 이후에 다른 요소들이 미치는 영향을 복합적으로 고려할 수 있다.

어조가 시의 '내적 형식 가운데 하나'라는 점을 고려한다면, 어떤 시의 어조를 파악하는 일은 그 시의 화자를 파악하는 과정의 하나일 뿐만 아니라 그 작품의 내적 형식을 파악하는 일이 될 것이다.

3. 화제와 어조: 정서적 거리에 따른 태도

화제, 즉 이야기하려는 주된 소재나 주제는 화자의 태도에 가장 직접적인 영향을 미친다. 화제가 무엇인가에 따라 화자의 태도는 다를 수 있다. 그러나 화제의 종류가 중요한 것이 아니라 그 화제를 화자가 어떻게 생각하느냐가 중요하다. 동일한 대상에 대해서도 사람마다, 상황에 따라 다른 태도를 취하기 마련이니 말이다. 따라서 화제에 따라

9) 성호경·정종진·윤지영, 「한국시가의 어조 유형분류 시론」, 『한국시가연구』 25, 한국시가학회, 2008 참조.

어조를 유형화하는 것은 화제의 종류에 따라 어조를 유형화하는 것이 될 수 없다.

이처럼 화제가 무엇인가와 상관없이 화제에 대해 화자가 취할 수 있는 다양한 태도들을 일관되게 분류할 수 있는 기준으로 참조할 수 있는 것이 스페인의 미학자 오르떼가 이 가세트가 제안한 대상에 대한 정서적 거리에 대한 구분이다.[10] 현대 예술의 비인간화 경향을 설명하기 위해 오르떼가는 어느 저명인사가 죽어가는 사건(화제)에 대해 사람들이 취할 수 있는 태도를 4가지로 구분한다.

제일 먼저 죽어가는 사람의 아내가 있다. 아내는 사랑하던 남편의 죽음을 마치 자기의 죽음처럼 체험하며, 다른 누구보다 깊은 슬픔과 상실감에 빠진다. 다음에는 이 남자의 건강을 오랫동안 책임져온 주치의가 있다. 주치의는 부인만큼 그 죽음에 대해 슬퍼하지는 않지만 어느 정도 도덕적 책임을 느낀다. 한편 취재를 하기 위해 온 기자가 있다면 그는 저명인사의 죽음에 대해 감정적인 반응이나 도덕적인 책임을 느끼는 대신 이성적이고 냉정한 태도를 취할 것이다. 그의 관심사는 이 사건을 기사화하기 위해 현장을 면밀하게 관찰하고 상황을 파악하는 것이기 때문이다. 마지막으로 화가가 있다. 화가는 죽어가는 사람의 고통이나 죽음이라는 사건에 대한 감정적 동요를 최대한 자제한다. 그렇다고 기자처럼 사실을 정확하고 객관적으로 전달하는 것에 관심이 있는 것도 아니다. 그가 관심을 갖는 것은 죽어가는 사람을 어떻게 예술적으로 표현할 것인가 하는 점이다. 즉, 인간적인 감정이나 객관

10) 오르떼가 이 가세트, 안영옥 역, 『예술의 비인간화』, 고려대학교 출판부, 2004, 20~26쪽.

적인 정보, 혹은 사상이나 윤리보다는 형태나 빛, 그림자, 구도 등, 재료와 표현 기법에 대한 관심이 그를 사로잡는다.

아내, 주치의, 기자, 화가가 저명인사의 죽음에 대해 취하는 정서적 거리는[11] 어디까지나 상대적인 구분일 뿐 경계가 분명하거나 객관적으로 잴 수 있는 것은 아니다. 이 거리를 각각 몰입, 개입, 관찰, 비인간화라고 부른다면, 이들은 저명인사의 아내처럼 대상에 대해 감정적으로 가장 밀착되어 있는 몰입의 태도와 화가처럼 대상과 극단적으로 거리를 두는 비인간화의 태도를 양극단으로 하여 다음과 같이 하나의 연속적인 스펙트럼을 이루고 있다고 해야 할 것이다.

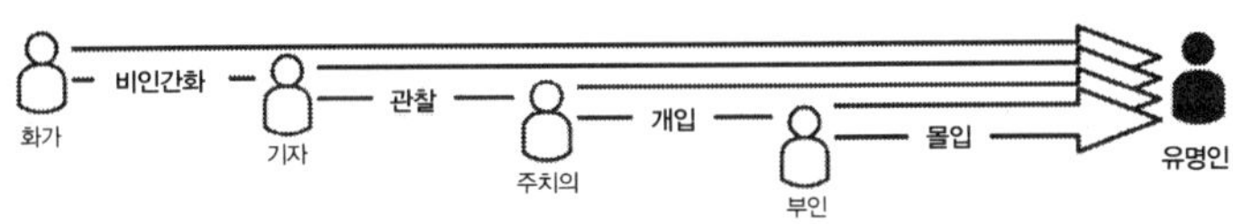

오르떼가의 이러한 구분은 동일한 화제에 대해서도 각기 다른 태도를 취할 수 있다는 것을 설명하는 데 유용하다. 예컨대, 가까운 사람의 죽음은 인생에서 가장 충격적인 사건으로서 이러한 일을 경험한 사람은 누구나 격렬한 감정적 동요를 느낀다고 생각한다. 그러나 반드시 그런 것은 아니다. 속으로는 깊은 슬픔을 느끼지만 겉으로는 그것을 내색하지 않을 수도 있다. 반대로 겉으로는 오열하지만 마음 속으로

11) 오르떼가의 '정서적 거리'는 '심리적 거리' 혹은 '미적 거리'와 유사하다. '심리적 거리(미적 거리)'는 본래 개인이 일체의 사적 또는 실제적 이해관계에서 벗어나서 한 대상을 관조할 때 대상을 향한 그의 태도나 시각을 기술하기 위한 개념으로서 작품에서는 감정의 양식화 과정을 통해 드러난다. (김준오, 『시론』, 삼지원, 2017, 250~252쪽 참조.)

는 냉담할 수도 있다. 뒤에 자세히 보겠지만, 이처럼 화제에 대한 감정적인 거리가 우리의 기대와 어긋날 때 아이러니한 효과가 발생하기도 한다.

화자가 화제로부터 정서적으로 얼마나 거리를 두고 있는가 하는 점은 작품에 사용된 언어적 특징들로부터 유추할 수 있다. 이는 일상의 대화에서 화자가 사용하는 어휘의 종류나 문장의 논리성 및 길이, 말의 속도나 크기 등과 같은 말투 및 언어습관을 근거로 화자의 태도를 판단하는 것과 유사하다.

> 웅희야! 너는 갔구나
> 엄마가 뉜지 아비가 뉜지
> 너는 모르고 어디로 갔구나!
>
> \- 이상화, 「곡자사」에서

> 유리에 차고 슬픈 것이 어린거린다
> 열 없이 붙어 서서 입김을 흐리우니
> 길들은 양 언 날개를 파닥거린다
>
> \- 정지용, 「유리창」에서

앞서 예를 들었던 이상화의 「곡자사」와 정지용의 「유리창」의 어조를 비교해보자. 두 작품 모두 자식을 잃은 화자의 발화이지만 그 태도에 있어서는 현저한 차이가 보인다. 「곡자사」에서처럼 감정을 직접적으로 드러내는 감탄사가 사용되었을 때, 감정을 직접적으로 표현하는 감정 어휘들이 자주 사용되었을 때 우리는 그 작품의 화자가 자신이 이야기하고 있는 화제에 감정적으로 몰입되어 있다고 느낀다. 이 작품의 경우는 그렇지 않지만, 길이가 길거나 불규칙한 문형의 문장이 사용되었을 경우에도 우리는 화자가 화제에 지나치게 감정을 이입하고 있다는 인상을 받는다.

반면 이성적인 사유나 성찰의 어휘가 많이 사용되었을 경우, 혹은 「유리창」에서처럼 감정을 표현하더라도 매개물을 통해 비유적으로 표현하는 경우, 우리는 화자의 정서를 감지할 수는 있지만 그 감정이 절제되어 있다고 여긴다. 이런 경우에는 문장의 주술 관계가 비교적 안정되어 있고 연과 행의 구분도 정제되어 있는 경우가 많다,

> 구멍 뚫린 속내의 팔러 온 사람, 구멍 뚫린 속내의를 사러 온 사람. 충충한 길목으로는 검은 망토를 두른 주정꾼이 비틀거리고, 인력거 위에선 차와 함께 이미 하반신이 썩어가는 기녀들이 비단 내음새를 풍기어가며 가느른 어깨를 흔들거렸다.
>
> - 오장환, 「고전(古典)」에서

위의 「고전」에서는 감정이나 사유처럼 가치판단의 의미를 갖는 어휘들이 배제되어 있다. 대신 대상에 대한 감각적인 묘사나 상황을 있는 그대로 진술하는 어휘들이 주를 이룬다. 이러한 방식의 언어 표현에서는 신문기사에서나 느낄 법한 건조함과 중립적인 태도를 느낄 수 있다. 이러한 어조를 관찰자적 어조라고 말할 수 있다.

이와 같은 세 가지 태도는 정도의 차이만 있을 뿐 어느 정도는 우리

같은 평범한 사람이 취할 수 있는 일상적인 태도의 범위에 속한다. 비유나 리듬이 사용되었다고 해도 일상에서 언어를 사용하는 경우로부터 크게 벗어나 있지 않다. 그에 반해 화자가 대상으로부터 극단적으로 거리를 두는 비인간화의 경우는 일상의 대화 상황에서는 거의 보기 힘들다.

13인의아해가도로로 질주하오.
(길은막다른골목길이적당하오.)

제1의아해가무섭다고그리오.
제2의아해도무섭다고그리오.
제3의아해도무섭다고그리오

- 이상,「오감도:시 제1호」에서

난해시의 대명사인 위 작품은 문장의 비문법성이 극단에 이르고, 언어들은 파편화되어 하나의 일관된 맥락을 구성하기 어렵다. 동일한 언어 요소들이 편집증적으로 반복되면서 기계적으로 배치되어 있는 것도 눈에 띈다. 이런 경우 우리는 이 시를 어떤 인격적인 화자, 우리와 같은 평범한 사람의 발화라고 생각하기 어렵다. 물론 이러한 언어적 표현에서 어떤 정서나 심리적 상태를 읽어낼 수도 있겠지만, 여기에서 일차적으로 부각되는 것은 그러한 인간적인 면들보다는 표현 재료(언어)와 방법의 낯설음이다. 오르떼가가 화제에 대한 정서를 이처럼 극단적으로 배제하고 거리를 두는 것을 '비인간화'된 거리라고 부른 것은 이러한 거리두기가 정서, 사유, 혹은 감각을 주고받는 보편적인 인간의 소통과 다름을 주목했기 때문이라고 할 수 있다.

4. 청자와 어조: 위계에 따른 태도

시에서 청자는 작품에 직접 드러나 있지 않는 경우가 많다. 대부분의 시는 특정한 청자가 없이 화자 혼자 독백을 하는 것처럼 보인다. 그러나 이런 경우에도 화자가 존재한다는 사실 때문에 논리적으로 그 상대인 청자의 존재를 상정할 수 있다. 적어도 일기처럼 화자 자신이나 특정할 수 없는 미지의 존재가 청자로 가정되고 있는 것이다.

반면 앞서 예로 든 「곡자사」처럼 청자를 직접 호명하면서 직접적인 대화 상황을 작품에 그대로 가져오는 경우가 있다. 이처럼 청자가 작품의 전면에 직접 등장하는 경우는 화제보다 청자와의 관계가 화자의 태도에 직접적으로 연관된다. 이는 화자와 청자가 동등한 지위를 갖는 경우, 화자가 청자보다 우위에 있는 경우, 청자가 화자보다 우위에 있는 경우의 세 가지로 구분할 수 있다.

여기에서 우위에 있다거나 동등하다는 관계 개념은 화자와 청자가 맺을 수 있는 여러 가지 관계 양상들을 아우를 수 있는 포괄적인 의미로서, 나이는 물론, 사회적 지위나 도덕적 · 정신적인 성숙의 정도, 권력의 위계 관계 등이 포함된다.

가거라 가 가 어서
적은 새앙쥐 같은 소부르주아지들아
늙은 여우 같은 소부르주아지들아
너의 가면 너의 야욕 너의 모든 지식의 껍질을 짊어지고

- 권환, 「가거든 가거라」에서

오빠 - 그러나 염려는 마세요
저는 용감한 이 나라 청년인 우리 오빠와 핏줄을 같이 한 계집애이고
영남이도 오빠도 늘 칭찬하든 쇠 같은 거북무늬 화로를 사온 오빠의 동생이 아니어요

- 임화, 「우리 오빠와 화로」에서

우리는 장작불 같은 거야
먼저 불이 붙은 토막은 불씨가 되고
빨리 붙은 장작은 밑불이 되고
늦게 붙은 놈은 마른 놈 곁에
젖은 놈은 나중에 던져져
활활 타는 장작불 같은 거야

- 백무산, 「장작불」에서

화자가 청자보다 나이가 많거나 지위가 높거나 연륜이 풍부하다면, 혹은 도덕적으로나 인격적으로 훌륭하다면 화자가 청자보다 우위에 있다고 할 수 있으며, 이런 경우 화자는 청자에게 조언을 주거나 당부를 하거나 격려를 하거나 위로를 하는 태도를 취한다. 혹은 부패한 정치가나 권력자들을 준엄하게 비판하는 경우처럼 비판과 훈계, 공격의 태도를 취할 수도 있다. 위의 「가거든 가거라」가 이러한 예에 해당한다.

반대로 청자가 화자보다 나이가 많거나 지위가 높거나 연륜이 풍부한 경우, 화자는 청자에게 존경과 칭송, 동경의 태도를 보인다. 신에게 신앙을 고백하는 경우나 사랑하는 사람에게 고백하는 경우 또한 청자가 화자보다 우위에 있는 예이다. 계급해방 운동의 선봉에 섰던 오빠에 대한 동경과 칭송의 말을 건네는 「우리 오빠와 화로」의 어조가 이러한 예에 해당한다.

마지막으로 화자와 청자가 동등한 관계에 놓인 경우, 화자는 청자를 동료나 동지로서 대하는 태도를 취한다. 격려하거나 위로하거나 혹은 함께 무엇인가 하자고 청하기도 한다. 「장작불」에서 화자가 보이는 태도가 이러한 예에 해당한다.

청자에 대한 화자의 태도 역시 작품에 나타난 언어적인 표현들로부터 유추할 수 있다. 가장 직접적으로는 청자를 호명하는 방식이나 서술어의 어미로부터 이 둘 사이의 관계를 유추할 수 있다. 특히, 우리말의 고유한 특징인 객체존대법은 청자가 존재한다는 사실에 대한 직접적인 증거일 뿐 아니라 화자와 청자의 우위관계를 가시적으로 보여준다. 이를테면, '합쇼체', '하오체'의 어미는 청자가 화자보다 우위에 있음을, '하게체'나 '해라체'는 화자가 청자보다 우위에 있음을 보여준다.

5. 화자와 어조: 이중성에 따른 태도

화자의 태도, 즉 어조는 언어적 표현으로부터 유추할 수 있다고 했다. 사용되는 어휘의 종류, 문장의 길이나 어순, 비유의 사용 여부 등을 통해 화자가 화제나 청자에 대해 어떠한 태도를 취하는지 알 수 있다.

그러나 그것만으로는 충분하지 않다는 것은 조금만 생각해봐도 알 수 있다. 오르떼가 이 가세트의 예를 다시 보자. 만약, 남편을 깊이 사랑하는 아내가 남편의 죽음 앞에서 조리있고 차분하게 말을 한다면, 그의 태도는 침착하고 이성적으로 보일 것이다. 그래도 우리는 아내가 냉혈한이라거나 남편을 사랑하지 않는다고 판단하지 않는다. 오히려 상실감과 비애감이 너무나 크기 때문에 이를 일부러 억제하고 있는 것이라고 여긴다.

화자가 권력자에게 아주 공손하고 예의바른 말투로 아첨을 떠는 내용의 시를 가정해보자. 어떤 독자는 화자의 말을 있는 그대로 받아들일 수도 있지만, 화자가 사실은 권력자를 조롱하고 있다고 생각할 수도 있다. 이와 같은 예들은 겉으로 드러나는 언어적인 표현만으로 화자의 태도를 판단할 수 없다는 것을 시사한다.

화자의 태도나 말이 언제나 투명한 것은 아니다. 화자가 하는 말들이 위악적이거나 위선적으로 여겨지는 경우, 화자가 자기반성을 하고 있지만 오히려 스스로를 합리화한다고 느껴지는 경우, 혹은 대상을 추켜세우고 조롱하는 것처럼 느껴지는 경우 등, 우리는 드러난 언어적 표현과는 상충되는 태도를 자주 감지한다. 때로는 이러한 판단이 오해나 억측일 수도 있지만, 언어적 구조물인 시에서 이러한 태도는 어느 정도 의도된 것이기도 하다. 그리고이는 화자 자신에 대한 화자의 태도와 연관되는 문제라고 할 수 있다.

화제가 무엇이며 화제로부터 어떤 거리를 취하고 있는가, 청자와의 관계가 어떠한가와 상관없이 모든 상황에서 화자는 자기 자신에 대해 어떤 태도를 갖는다. 이는 우리가 우리 자신을 둘로 분리하여 자신으로부터 거리를 두고 스스로를 대상화할 수 있다는 점, 즉 이성적이고 반성적인 사유를 할 수 있다는 점과 연관된다.

화자가 자기 자신에 대해 취할 수 있는 태도는 평면적인 태도, 즉 겉과 속, 앞과 뒤가 동일하고 투명한 태도와 이중적인 태도의 두 가지로 구분할 수 있다. 이는 자아의 분열을 전제로 한다는 점에서 심층적인 화자와 표층적인 화자가 일치하느냐의 여부로 볼 수도 있다.

이 가운데 우리가 보다 자세히 살펴보려고 하는 것은 화자가 이중적인 태도를 보이는 경우이다. 표층적인 태도와 심층적인 태도가 일치할 때에는 언어적 표지들에 따라 파악한 화자의 태도를 있는 그대로 받아들일 수 있다. 그러나 표면적으로 드러나는 태도와 숨겨진 태도가 불일치할 경우는 그 태도를 파악하는 문제가 훨씬 복잡해진다. 화자의 심층적인 태도를 알아차릴 단서가 언어로 직접 제시되지 않는 경우가 많기 때문이다.

화자의 이중적인 태도는 흔히 아이러니나 역설, 풍자나 패러디 등과 같은 다양한 수사적 기법들과 연관 지어 논의된다. 그러나 이들은 직설적으로 말해도 좋을 것을 그저 비틀어 말하는 수사법에 불과한 게 아니다. 이는 세계와 자아를 바라보는 특수한 태도이자 관점의 문제로서, 작품 전체의 구조적 특징은 물론 의미론적 층위에까지 연관지어 생각해야 한다.

제5장 어조의 종류

1. 아이러니

가. 아이러니의 정의와 특징

심층적 화자와 표층적 화자의 태도가 분열되며 충돌을 일으키는 데서 생겨나는 이중적인 태도는 아이러니로 대표된다. 아이러니가 현대시의 중요한 어조로 주목받게 된 것은 20세기 초반 신비평에 의해서지만, 현대에 들어 새롭게 생긴 태도는 아니다. 아이러니라는 용어의 기원이 그리스 연극의 특정한 캐릭터에서 비롯되었다는 것이 시사하듯, 그 역사는 그리스 시대로 거슬러 올라간다.

아이러니는 그리스 희극에서 단골로 등장하는 한 쌍의 캐릭터, 즉 거인 알라존(Alazon)과 에이론(Eiron) 가운데 에이론에게 기원을 둔다. 알라존과 에이론의 관계는 이도령과 방자, 양반과 말뚝이의 관계와 유사하다. 겉으로는 알라존 혹은 양반이 관계의 주도권을 잡고 있는 것처럼 보인다. 권력과 지위, 가문과 학식 등, 여러 면에서 알라존은 에이론보다 월등히 뛰어나며, 에이론, 혹은 하인은 그런 알라존에 복종하는 것처럼 보인다. 하지만 극이 진행되면서 에이론의 모든 말과 행위가 알라존을 조롱하며 우스갯거리로 만들고 있음을 눈치 챌 수 있다. 이를 알아차린 관객들은 에이론과 공모하여 알라존을 조롱한다.

오직 알라존만이 자신이 놀림거리가 되고 있다는 사실을 모르며, 이러한 무지가 그의 허풍을 더욱 우스운 것으로 만든다. 아이러니는 이와 같이 에이론이 취하는 이중적인 태도에서 기원한다.

소크라테스가 산파술을 행할 때 취하는 태도도 에이론의 태도와 비슷하다. 소크라테스는 무지한 사람들에게 진리를 가르쳐주기 위해 스스로의 무지를 가장한다. 그리고 자신은 아무 것도 모르는 바보라는 듯 대화의 상대에게 질문을 한다. 그러나 그 질문은 진리에 대한 질문이라 쉽게 대답할 수 있는 것이 아니다. 잘난 척 하던 대화 상대는 자신이 그 질문에 대답할 수 없음을 자각하면서 자신의 무지를 깨닫게 된다. 이때 소크라테스의 말은 표면적으로는 무지한 것 같지만 실질적으로는 그 반대이다.

아이러니에 대한 이와 같은 두 가지 사례는 아이러니가 기본적으로 대화적인 상황과 관련이 있다는 것을 시사한다. 즉, 발화의 이면을 간파할 존재로서 청자가 전제된다. 그러나 언어 표현 자체에는 아이러니를 알아볼 수 있게 하는 표지가 제시되어 있지 않기 때문에 독자 혹은 청자가 심층적 화자의 태도를 의미를 알아차리지 못할 수도 있다.

이러한 특징은 은유나 리듬과 비교해볼 때 보다 두드러진다. 은유나 운율 역시 독자의 읽기에 의해 그 의미와 효과가 드러나기는 하지만, 은유나 운율의 표지들은 발화 자체에 드러나 있다. 예컨대, '내 마음은 호수요'라는 은유의 '~은 ~요(is)'와 같은 것이 그렇다. 리듬 역시 유사한 소리를 가진 단어들이 반복하여 제시되는 방식으로 리듬과 운율의 존재를 알려준다. 그러나 아이러니는 언어 표현만 보아서는 그것이 아이러니인지 알기 어렵다.

이때 주의해야 할 것은 화자의 심층적 태도가 겉으로 드러난 태도와 단순히 다르기만 한 게 아니라는 점이다. 표층적 태도와 심층적 태도는 명확히 대조되는 관계, 양립할 수 없는 속성을 지녀야 한다. 따라서 아이러니를 통해 말하고자 하는 바는 명백하다. 이 두 가지 태도 가운데 심층적인 태도가 정말 말하고자 하는 바인 것이다.

그렇다면 왜 처음부터 이 숨은 의도를 표현하지 않고 이처럼 반대로 말하는 것일까? 아이러니는 비판적인 태도에서 비롯된다. 이러한 비판적인 의도를 겉으로 드러낼 경우 그것은 청자나 독자에 대한 직접적인 비판이나 비난이 된다. 반면, 아이러니를 사용하는 경우에는 이야기하고 있는 사안이나 대상에 대한 비판에 그치지 않고 청자나 독자에 대한 조롱과 비하의 의미까지 전달하게 된다. "너는 말을 참 기분 나쁘게 한다."는 비판도 마음을 상하게 하지만 "너는 말을 참 예쁘게 한다."는 말이 더 기분 나쁜 것은 조롱이나 비하가 상대에 대해 도덕적이고 지적인 우위에 놓여 있음을 암시하기 때문이다. 말하자면, 아이러니를 통해 화자는 비판하고자 하는 내용뿐 아니라 청자의 무지와 순진함에 대해서도 판단을 함으로써 스스로의 입장을 은밀하게 우위에 두고 있는 것이라고 할 수 있다.

어떤 독자는 알라존처럼 아이러니를 포착하지 못할 수도 있다. 소크라테스 식의 질문에 얼토당토않은 대답을 하고도 그것이 잘못된 대답임을 전혀 눈치 채지 못할 때, "너는 말을 참 예쁘게 한다."라는 표현을 문자 그대로 받아들일 때처럼 말이다. 따라서 아이러니는 독자의 적극적인 지적 사고 작용 없이는 효력을 발휘하지 못한다. 그러나 아이러니를 알아차리지 못하는 청자는 말을 예쁘게 하지 않는다는 사실

뿐 아니라 무지하다는 사실까지 스스로 폭로하는 것처럼, 아이러니를 알아차리지 못하는 독자 역시 스스로의 단순함과 무지까지 폭로하는 셈이 된다.

연극이나 실제 대화에서는 표면적 발화와 상반되는 의미가 숨어 있다는 사실을 말투나 억양, 표정 같은 것으로 암시할 수도 있다. 그러나 시는 연극이나 실제 대화와 달리 오로지 문자화된 언어 표현에 의존해야 한다. 따라서 때로는 시인이 전체적인 맥락과 어울리지 않는 말을 끼워 넣는 식으로 비꼬고 있다는 표지를 남겨 놓기도 한다. 그러나 표면적인 의미와 상반되는 심층적인 의미가 완전히 겉으로 드러난다면 아이러니는 성립하지 않는다.

나. 아이러니의 종류

아이러니는 언어로 표현된 것과 그 의미 사이의 대조에서 비롯된다는 점에서 기본적으로 언어 표현의 문제이다. 반어나 언어적 아이러니라는 표현은 아이러니의 이러한 속성을 강조할 때 사용한다,

반어적인 표현은 몇 개의 단어로 이루어진 구나 한두 개의 문장처럼 부분에 그칠 수도 있고, 작품 전반에서 걸쳐 유지되는 경우도 있다. 특히, 알면서 모르는 척, 싫어하면서 좋아하는 척, 그리우면서 그립지 않은 척, 조롱하면서 존경하는 척 하는 이중적인 태도가 작품 전체의 어조를 띄고 있을 때, 이를 시치미 떼기의 아이러니, 순진함의 아이러니라고 부르기도 한다.

아이러니가 언어 표현의 차원에서만 생겨나는 것은 아니다. 언어 표

현에서 추상화된 구조 차원에서 발생하는 아이러니도 있다. 소포클레스의 희곡 「오이디푸스 왕」이 그러한 예이다. 이 작품의 아이러니는 인물들의 언행이 부적절한 결과, 보다 정확하게 말해, 그들의 의도와 완전히 상반되는 결과를 초래할 때 발생한다. 아버지를 죽이고 어머니와 결혼한다는 신탁에서 벗어나기 위해 오이디푸스가 했던 선택이 아버지를 죽이고 어머니와 결혼하는 결과로 이어진 것처럼 말이다. 이처럼 본래 의도와 정반대되는 결과로 전개될 때 생기는 아이러니를 극적 아이러니라고 한다. 이는 또한 언어 표현이 아닌 플롯 같이 추상화된 구조의 차원에서 발생하는 아이러니라는 점에서 언어적 아이러니와 구별하여 구조적 아이러니라고 하기도 한다.

구조적 아이러니는 엄밀히 말해 화자 자신의 이중적인 태도의 문제, 즉, 심층적 화자와 표층적 화자 사이의 모순으로 보기는 어렵다. 그보다는 인간과 세계, 인간의 의지와 운명 사이의 불화와 관련된다. 구조적 아이러니의 화자는 언제나 운명의 불가피한 희생자로 존재할 수밖에 없다. 그러나 오이디푸스처럼 종국에 아이러니를 자각한다면, 이러한 자각은 뒤늦은 자각이기는 하지만 그를 알라존 같이 완전히 무지한 존재로 남는 대신 삶에 대한 통찰과 지혜를 가진 존재로 거듭나게 한다.

마지막으로 낭만적 아이러니가 있다. 이는 특히 18세기 낭만주의 시대에 상징과 더불어 각광을 받던 것으로서 현실과 이상 사이의 괴리에 대한 감각이 어느 시기보다 통렬하던 시기의 세계관과 연관된다. 영원, 이상, 정신, 영혼을 끊임없이 동경하지만, 육체가 지상에 묶인 인간 존재들은 언제나 이러한 동경의 끝에 쓰디쓴 좌절을 느낄 수밖에 없다. 이 좌절을 알면서도 초월적 세계에 대한 동경을 포기할 수 없는 태도가 바로 낭만적 아이러니의 원천이다. 이 역시 인간 존재의 조건 자체가 모순적인 속성을 지녔다는 점에서 비롯된 바, 낭만적 아이러니는 특정 시대를 넘어서 보편성을 지닌다.

이상에서 살펴본 것처럼 아이러니는 단순한 수사법의 문제로 보기는 어렵다. 그보다는 세계와 삶을 바라보는 태도의 문제에 가깝다. 아이러니에 대한 자각은 겉으로 드러나는 것에 대한 의심과 회의를 기본으로 한다. 매끄럽고 질서 정연한 것처럼 보이는 것들이 사실은 모순적이며 불합리하고 비논리적으로 존재하고 있다는 것을 꿰뚫어 볼 때 취할 수밖에 없는 태도가 아이러니다.

2. 역설

가. 역설의 정의와 특징

역설은 정반대되는 태도 혹은 관점의 동시성을 특징으로 한다는 점에서 아이러니와 비슷하다. 실제로 낭만주의 시대까지 역설은 아이러니의 하위 범주로 다루어졌으며, 여전히 아이러니와 혼동되어 사용되기도 한다.

그러나, 아래 그림에서처럼 모순되는 두 가지 태도의 제시 방식에 따라 아이러니와 역설을 구분할 수 있다. 아이러니는 언어적 표현과 그 심층적 의도의 수직적 관계에서 발생하는 것이라면, 역설은 "너는 말을 참 예쁘고도 잔인하게 한다."에서처럼 상반되는 의미가 문면에 나란히 드러남으로써 발생한다.

※ A와 ~A는 모순 관계

	아이러니	역설	
언어적 표현	A	A	~A
심층적 의미	~A		

아이러니와 역설은 상호 대립적인 태도가 어떻게 귀결되는가에 의해서도 구분할 수 있다. 예를 들어, "너는 말을 참 예쁘게 한다."라는 반어가 진짜로 의도한 의미는 "너는 말을 참 밉게 한다."이다. 말하자면 아이러니에서는 상호 대립적인 태도 가운데 심층에 숨겨진 태도가 진짜로 의미하는 바이다.

반면, "너는 말을 참 예쁘고도 잔인하게 한다."라는 언어 표현은 상반되는 두 가지 속성 모두를 긍정하며 부정한다. 이 두 가지 가운데 어떤 한 가지의 태도로 수렴되지 않는다. 따라서 엄밀하게 말하자면 역설은 이중적인 태도라고 하기는 어렵다. 그보다는 대상의 다면성을 포착하고 그것들 사이의 긴장과 모순을 종합하려는 태도라고 할 수 있다.

이러한 특징은 역설(paradox)이라는 말이 그리스어의 '초월(para)'과 '의견(doxa)'의 합성어에서 유래했다는 사실에 이미 함축되어 있다. 즉, 역설은 상호 모순되는 의견들을 양자택일하는 것이 아니라 이들을 초월함으로써 종합하는 태도인 것이다. 따라서 역설은 표현 그 자체만 보았을 때는 모순되고 불합리하며 말이 안 된다. 그러나 깊이 따져 보면 그것이야말로 진리를 담고 있다.

이는 논리학이나 과학의 영역에서는 허용되지 않는 진리다. 과학과 논리학의 세계에서는 하나의 대상이 상반되고 모순되는 속성을 동시에 가질 수 없다. 진짜이면서 가짜일 수 없고, 행복하면서 불행할 수 없다. 과학과 논리학의 세계는 이러한 모순을 용납하지 않기 때문에 이를 해결하기 위해 두 가지 가운데 한 가지를 선택하고 그 타당성을 입증하고자 한다.

그러나 세상에는 이처럼 논리나 과학적 원리로 설명될 수 없는 진리가 존재한다. 우리의 삶과 관련된 진리들은 대부분 이처럼 모순적인 성질을 지닌다. 역설의 예로 자주 인용되는 한용운의「님의 침묵」의 첫 구절만 해도 그렇다. "님은 갔지만은 나는 님을 보내지 아니 하였습니다."는 논리적으로 말이 되지 않는다. 님이 갔다면 내가 보냈든 보내지 않았든 현재 님은 부재한다. 그러나 한 번만 더 생각해보면 물리적인 이별이 곧 마음의 이별까지 의미하는 것은 아닐 수도 있다는 것을 깨닫게 된다. 나아가 님이 떠나갔음에도 불구하고 그에 대한 사랑을 포기하지 않는 태도야말로 사랑과 이별에 대한 진리일 수 있다.

이러한 진리들은 인간의 이성으로는 파악이 불가능하며 직관에 의해서만 포착된다. 역설은 바로 이성과 감각, 논리와 과학을 넘어서 존재하는 진리를 인정하는 태도이며, 이러한 관점으로 세계를 조망하는 태도인 것이다. 이러한 이유 때문에 영미 신비평가들은 역설이야말로 시의 본질이라고까지 말한다.

나. 역설의 종류

역설의 유형은 흔히 역설의 범위에 따라 표층적 역설과 심층적 역설로 나눈다. 이러한 구분은[12] 아이러니의 종류를 언어적 아이러니와 구

12) Philip Wheelwright, *The Burning Fountain* (Indiana Univ. Press, 1968), pp.70～73.

조적 아이러니로 나눈 것에 상응한다.

모순어법(oxymoron)이라고도 하는 표층적 역설은 언어 표현의 차원에서 발생하는 것으로 모순되는 발화가 모두 표면에 나타나며, 그 범위가 제한적일 때 발생하는 역설을 지칭한다. 반면, 심층적 역설은 역설이 언어의 부분적인 표현에 그치는 것이 아니라 작품 전반에 걸쳐 드러나는 것을 말한다. 즉, 작품 전체의 의미가 상황과 모순될 때 생겨나는 역설이다.

예를 들어 김소월의 「먼 후일」에서 화자는 당신이 찾으면, 당신을 "잊었노라" 말하겠다고 반복한다. 그러나 이러한 다짐은 "먼 훗날 당신이 찾으시면"이라는 불가능한 상황을 전제로 한 발화라는 점에서 역설적이다. 이루어질 가망성이 거의 없는 미래의 재회를 기다리고 있다는 것은 화자가 결코 상대를 잊지 못하고 있다는 사실을 의미한다. 그럼에도 불구하고 화자는 "잊었노라"라고 얘기하겠다고 말한다. 이러한 모순은 화자의 사랑이 얼마나 깊고 끈질긴지 강조해서 보여준다.

심층적 역설 가운데서 역설을 통해 드러나는 진리가 특히 삶에 대한 형이상학적 진실, 존재 자체의 역설적인 상황에 대한 진실을 드러내는 것을 존재론적 역설이라고 부른다. '살고자 하면 죽을 것이요, 죽고자 하면 살 것이다.'나 '있는 것은 없는 것이요, 없는 것은 있는 것이다.(色卽是空, 空卽是色)'와 같은 종교적 진리를 담은 표현들이 주로 여기에 해당한다. 존재론적 역설은 시에서도 자주 사용된다. 불교적 인식에 근거한 한용운의 시들이 대표적인 예이다.

3. 아이러니와 역설의 복합적 효과

사실, 아이러니와 역설은 자주 함께 나타나며 구별이 쉽지도 않다. 또한 아이러니와 역설, 혹은 이들 각각의 종류를 구분하는 것이 중요한 것은 아니다. 중요한 것은 언어적 표현들을 주의깊게 읽으며, 은밀하게 숨겨진 심층적 의도까지 읽어냄으로써 작품을 입체적으로 파악하는 일이다. 아이러니와 역설이 동시에 나타나는 작품을 읽으며 이들이 복합적으로 만들어 내는 의미의 긴장과 울림을 살펴보자.

> 지난해는
> 참 많이도 줄어들고
> 많이도 잠들었습니다. 하느님
> 심장은 줄어들고
> 머리는 잠들고
> 더 낮을 수 없는 난쟁이 되어
> 소리없이 말없이
> 행복도 줄었습니다
>
> 그러나 저 납작한 벌판의 찬 흙 속에
> 한마디 말을 묻게 해주세요
> 뜬구름도 흐르게 하는 푸른 하늘다운
> 희망 한 가락은
> 얼어붙지 않게 해주세요
> 겨울은 추울수록 화려하고
> 길은 멀어서 갈 만하니까요
> 당신도 아시지요만, 하느님
>
> - 정현종, 「냉정하신 하느님」 전문

하느님에게 기도하는 발화 형식을 따르는 이 작품은 총 2연으로 구성되어 있는데, 1연에서는 모든 존재가 위축되고 소멸되어 가는 현재의 상황을 이야기하고 있으며 2연에서는 이러한 상황으로부터의 구원을 하느님에게 호소하고 있다.

작품의 전반부에는 어떠한 논리적 모순도 찾아보기 어렵다. 물리적으로 위축되고 소멸되어 가는 상황과 행복의 위축 사이에는 인과적으로나 비유적으로나 상관관계가 있다. 따라서 2연의 전반부에서 하느님에게 희망을 갈구하는 것 역시 자연스러운 결과이다.

역설은 2연의 후반부에 나타난다. "겨울은 추울수록 화려하고/ 길은 멀어서 갈 만하니까요"라는 표현이 그것이다. 이것이 역설, 즉, 모순어법이라고 할 수 있는 것은 논리적으로 볼 때 겨울이 추우면 화려하기 보다는 고통스러우며, 길은 멀수록 가기 어려운 법인데, 그것을 반대로 표현하고 있기 때문이다. 즉, 원인과 그에 상반되는 결과를 인과적으로 연결 짓고 있는 것이다.

겉으로는 모순적이지만 가만히 생각해보면 이러한 모순이 전혀 말이 안 되는 것도 아니다. 우리는 고통이 심할수록 그 뒤에 올 행복과 희열도 크다는 믿음을 갖고 있다. 몇 끼를 굶었다 먹는 빵의 맛은 식사 사이 간식으로 먹는 빵의 맛과 비교할 수 없다. 게다가 화자는 바로 직전에 하느님께 희망을 갈구하지 않았는가. 그러니 이와 같이 지나치게 낙관적인 태도는 그 희망이 이루어질 때까지는 어떠한 고통도 기꺼이 인내하겠다는 다짐을 표현한 것으로 이해할 수도 있다.

그러나, 작품의 제일 마지막에 사족처럼 덧붙여진 "당신도 아시지요만, 하느님"이라는 표현은 이러한 이해를 전복시킬 가능성을 갖고 있다. 이 발화는 두 가지로 해석이 가능하다. 우선, 이 말을 액면 그대로 받아들일 수 있다. 그럴 경우 이 발화는 앞서 아무리 춥고 먼 길이라도 인내하겠다는 다짐을 하느님께 확인시키고 인정해달라는 말로 볼 수 있다. 아무리 고통스럽더라도 희망이 올 때까지 견디겠다는 의지를 하느님도 아실 거라는 식으로 말이다.

문제는 1연에서 제시된 현실이 지나치게 가혹하다는 점이다. 죽음과 소멸, 위축이 끊이지 않는 이러한 상황은 하느님을 원망하고도 남을 만한 상황이다. 그럴 경우 "당신도 아시지요만, 하느님"이라는 마지막 발화는 반어로 이해될 수 있다. 즉, 어째서 하느님은 많은 것들이 줄어들고 잠드는 이러한 상황을 모를 수가 있을까, 하느님은 전지하시니 이 모든 상황을 모를 리가 없을 텐데 이렇게 방치한다는 것은 결국 하느님이 우리의 고통에 무관심하거나 전지하지 않다는 뜻이 아니겠는가. 이런 맥락에서는 "당신도 아시지요만, 하느님"이라는 말은 하느님을 비꼬는 의미를 갖게 된다.

마지막 행을 이처럼 아이러니로 읽는 순간, 작품 전체의 의미도 재조정된다. 바로 앞의 "겨울은 추울수록 화려하고/ 길은 멀어서 갈 만하니까요"라는 표현은 아픈 만큼 성숙해진다는 역설적 진리를 담고 있는 것이 아니라 행복과 평화를 위해서는 가혹한 고통과 시련이 필요하다는 명제 자체에 대한 반박일 수 있다. 즉, 행복과 평화를 위해서는 크나큰 희생이 필요하다는 신념이 고통스러운 현재를 감내하게 만드는 거짓 진실인지도 모른다는 의심을 담은 반어가 되는 것이다. 이런 경우, 2연은 신에게 희망과 구원을 희구하는 것이 아니라 신에게조차 희망과 구원을 요청할 수 없는 상황에 대한 절망과 분노의 표현이 된다.

아이러니와 역설이 우리에게 알려주는 진실은 대체로 유쾌하지 않다. 아이러니와 역설의 수수께끼를 푸는 순간 우리는 세상이 겉으로 보이는 것처럼 조화롭고 무탈한 대신 사실은 모순으로 가득 차 있으며, 모순된 원리에 의해 지배당하고 있다는 진실에 직면하게 된다.

이러한 자각은 우리를 절망과 비관에 빠트리기 때문에 우리는 이러한 진실로부터 도피하거나 이를 외면하곤 한다. 그런 점에서 아이러니와 역설은 이 불가해한 상황 자체를 직시하게 함으로써 우리가 외면하고 싶은 진실을 돌아보게 한다. 따라서 아이러니와 역설의 태도를 이해한다는 것은 이처럼 복잡하고 모순으로 가득 찬 세계와 인간을 꿰뚫어 보려는 시도를 포기하지 않는 일종의 윤리적 엄정함의 태도라고 할 수 있다.

이와 같은 비판정신을 공유한다는 점에서 아이러니와 역설은 풍자(諷刺)와 자주 결합한다. 동양에서 풍자는 『시경』에서 제시한 시의 여섯 가지 뜻 가운데 하나로서, 윗사람이 아랫사람을 훈계하여 가르치는 '풍(風)'과 대조되는 태도, 즉, 아랫사람이 윗사람을 날카롭게 비판하는 것을 말한다.

이러한 어원이 의미하는 것처럼 풍자는 풍과 더불어 현실을 바로잡으려는 정신에서 출발하며, 상하 위계가 중요한 전제가 된다. 비판하는 대상과의 이러한 위계 관계는 대상에 대해 직접적인 비판과 고발을 어렵게 한다. 세속의 질서는 비천하고 약한 자가 권력을 가진 힘 있는 자를 비판하는 일에 대해 너그럽지 않다. 또한 엄밀하게 따지면 비판하는 내용으로부터 자유로울 수 있는 사람은 어디에도 없다. 비판하는 자 역시 신이 아닌 이상 오점과 악덕을 가질 수 밖에 없다. 이러한 위험을 줄이기 위해서는 직접적으로 대상을 비판하기 보다는 비꼬거나, 조롱하거나, 에둘러 표현하는 것이 안전하다.

그러나, 강자를 비판하고 문제제기를 함으로써 사회적인 위계의 하위를 차지하던 존재는 사회적으로 권력과 명망을 지닌 자보다 도덕적으로나 인격적으로 우위를 점하게 된다. 특히 중요한 것은 풍자로서 성공하기 위한 기본적인 태도가 "초연하고 공평하며, 분별력이 있게 보여야 한다"는 것이다.[13] 만약, 분별력과 공정성이 결여된 것처럼 보인다면, 그것은 무능한 자의 불평불만에 지나지 않는다. 그러면서도 풍자가 되기 위해서는 대상에 대한 비판적인 관점을 유지해야 한다. 대상에 대한 비판적인 관점은 반어와 역설에 의해 균형을 잡으며 완화된다.

앞서 「냉정하신 하느님」가 그러한 예이다. 이 작품을 반어와 역설로 읽을 경우 여기에는 하느님에 대한 풍자의 태도가 깃든다. 일개 인간과 전지전능한 신의 위계 관계에도 아랑곳하지 않고 하느님의 무관심과 무능을 비판하지만 이를 반어와 역설로 완충함으로써 전지전능한 하느님의 권위를 풍자하고 있는 것이다. 이와 같은 이중적인 태도가 희미해질 때 풍자는 곧장 직접적인 비난이 된다.

13) 아서 폴라드, 송낙헌 역, 『풍자』, 서울대학교 출판부, 1986, 105쪽.

4. 패러디와 패스티시

가. 정의와 특징

패러디와 패스티쉬 역시 아이러니와 역설과는 다른 방식이기는 하지만, 화자가 취하는 이중적인 태도의 한 가지로 볼 수 있다. 근대 이후에는 예술이 개인의 고유하고 독창적인 창조물이라는 생각이 가장 중요한 조건으로 간주된다. 그렇기 때문에 다른 작품과 비슷하다거나 어디서 많이 본 듯하다는 평가는 최악의 오명이 된다. 그러나 패러디와 패스티시는 이와 같은 모방, 인용, 심지어 흉내냈다는 의혹을 부끄러워하지 않는다. 오히려 이미 존재하는 것을 모방하고 흉내 내는 것을 고유한 특징으로 갖는다.

이는 인간을 포함하여 이 세계 어디에도 유일무이하고 다른 것과 구별되는 확실한 정체성을 가진 것은 존재하지 않는다는 포스트모더니즘적 세계관과 깊은 연관이 있다. 모든 것은 이미 존재하는 다른 어떤 것의 모방이나 반복, 인용에 불과하며, 원본과 모방, 중심과 주변, 진짜와 가짜의 구분은 전자에 해당하는 것들에 권력을 부여하는 이데올로기의 산물이라는 것이 이 세계관의 핵심이다. 따라서 포스트모더니즘 이후의 예술에서는 이러한 위계적 구분의 허위를 폭로하고 권위를 전복시키는 것이 가장 중요한 목표 가운데 하나가 된다.

이러한 목표는 개성이나 독창성을 인정받는 권위 있는 예술 작품을 모방하고 흉내 내는 방식으로 실천된다. 이것이 바로 패러디와 패스티시이다. 패러디와 패스티시는 문학은 물론, 음악이나 미술, 건축 등 모든 분야에서 널리 사용되고 있으며, 포스트모더니즘 예술의 기법 가운데 가장 중요한 하나이다.

패러디, 패스티시는 모두 이미 존재하는 유명한 대상을 인용한다는 공통점을 갖고 있지만, 그 목적에 있어서는 차이를 보인다. 패러디(parody)의 어원인 'parodia'가 '다른 것에 대한 반대의 입장에서 불려진 노래'라는 뜻이 있는 만큼, 패러디는 원작을 인용하되 그에 대한 도전의 태도를 특징으로 한다. 레오나르도 다빈치의 유명한 '모나리자'에 콧수염을 그림으로써 이 작품에 오랜 시간 동안 축적된 찬사와 권위를 조롱하는 식이다. 패러디에서는 이처럼 모든 사람들이 무비판적으로 수용하고 있는 작품이나 사상과 관점, 혹은 가르침의 권위를 전복시키는 것이 중요하다. 그런 점에서 패러디는 비판과 풍자의 태도를 지닐 수밖에 없다.

한편, 패스티시(pastiche)는 패러디와 달리 인용하는 대상에 대한 풍자나 비판의 의도가 두드러지지 않는다. 그런 점에서 인유(引喩)와 가깝다고 할 수 있지만, 그렇다고 인유처럼 인용하는 대상의 권위를 인정하거나 그 권위에 의지하지도 않는다.

인유 역시 패러디나 패스티시 만큼 다른 작품을 모방하는 것에 대해 거리낌이 없다. 그러나 인유는 대체로 권위 있는 과거의 작품에 대한 우호적인 관점, 더 나아가 동경과 숭배의 태도를 보인다. 선배 화가가 그렸던 그림의 구도나 주제, 혹은 분위기들을 의도적으로 따라 그림으로써 사람들이 그 사실을 알아차리게 한다든가, 성인의 경전이나 선학들의 작품 가운데 유명한 구절들을 따와 자신의 작품의 격을 높이는 용사(用事)가 인유의 대표적인 방법이다. 말하자면 인유는 전통에 대한 가치를 인정하며 그 전통의 권위에 기댐으로써 자신의 작품의 가치를 끌어올리려는 것이다.

패스티시에서는 인용되는 원본과 인용하는 모방본의 구분이 중요하지 않다. 원본에 대한 추수(追隨)도, 원본에 대한 도전도 하지 않은 채 오로지 기성의 대상을 짜깁기의 소재로 인용한다. 가치판단을 중지한다는 의미에서 패스티시는 중성모방이라고도 하고, 여러 원본들에서 가져온 부분들을 짜깁기하여 하나의 새로운 작품을 만든다는 의미에서 혼성모방이라고도 한다.

원본의 권위를 비판하거나 전복시키려는 의도가 없더라도 권위있는 작품들을 해체하여 부분만 차용하고, 서로 다른 원본에서 가져온 부분들을 하나로 결합시키는 행위 자체가 원본의 고유성과 권위를 훼손하는 결과로 이어진다. 따라서 궁극적으로는 패스티시 또한 원본의 권위에 대한 전복으로 여겨질 수 있다.

이러한 이유 때문에 패러디와 패스티시 역시 아이러니나 역설과 마찬가지로 언어 표현을 액면 그대로 받아들여서는 성립하지 않는다. 발화 자체가 이미 존재하는 다른 작품에서 갖고 온 것이라는 점, 화자와 연관 지어 말하자면, 화자의 말 자체가 다른 사람의 말을 흉내 낸 것이라는 점을 알고 있어야 한다. 패러디와 패스티시의 의미는 원작과의 거리, 원작에 대한 태도와 가치 평가에서 발생하기 때문이다.

패러디와 패스티시에도 이중적인 태도가 내포되어 있다고 할 수 있는 이유다. 원작 자체에 내포된 태도와 원작을 모방하는 행위에 내포된 태도를 구분하지 못한다면 이 두 개의 태도가 상충하면서 만들어내는 긴장을 파악할 수 없다. 패러디와 패스티시가 누구나 알 수 있는 유명하고 권위적인 작품을 흉내 내야 한다는 조건은 이러한 이유 때문에 중요하다. 또한 이 모방이 의도된 것이라는 사실이 드러나야 한다는 점도 중요하다. 그렇지 않으면, 패러디나 패스티시가 아닌 표절로 읽힐 뿐이다.

나. 모방의 대상과 방법

패러디와 패스티시의 대상과 범위, 그 방법은 다양하다. 시를 포함한 문학 작품에서부터 그림이나 음악 같은 다른 예술 장르들은 물론 대중문화의 상품 등 인공적으로 창조된 모든 대상이 모방의 대상이 될 수 있으며, 역사와 철학, 과학 및 그에 얽힌 사건들과 인물 및 장소 등 작품의 형태로 존재하지 않는 것들도 모방의 대상이 된다.

모방 대상을 모방하는 방법과 범위 또한 다양하다. 우선, 실존하거나 허구 속에 등장하는 인물이나 장소, 사물, 역사적인 사건 등의 명칭을 거론하는 경우가 있다. '춘향'이나 '흥부' 등은 현대 작품에서 자주 인용하는 소재이며, '4·19 혁명'이나 '5·18 민주화 항쟁' 같은 역사적 사건, '지리산', '한라산' 같이 현대사의 중요한 장소들도 현대시에서 자주 인용된다. '예수'나 '보리수', '요단강'처럼 종교문화적인 맥락을 담고 있는 대상들, '모나리자', '고흐', '이중섭'과 같은 예술가나 엔디 워홀의 '캠벨 수프 깡통', 고흐의 '별이 빛나는 밤에' 같은 예술 작품, '나이키'나 '애플' 같은 상품이나 가요 및 영화 같은 대중문화도 자주 인용이 된다.

이들은 워낙 유명해서 단지 명칭만 거론하는 것으로도 독자들이 원작을 떠올릴 수 있다. 다시 말해, 작품 속에 고유명사를 거론함으로써 그 명사에 압축되어 있는 인물, 사건, 공간, 배경, 사회 · 문화 · 역사적 의미들을 한 번에 환기시키는 효과가 있는 것이다.

그러나 독자가 사회 · 문화 · 역사에 대한 지식이 없다면 원본을 패러디하거나 패스티시하고 있는 작품의 의미를 온전히 이해하기 어렵다. 특히, 시사적인 성격이 강한 대상일수록 수용하는 층이 한정적이고 시대에 종속되는 경향이 있다. 예를 들어 '평화시장'은 전태일의 항거로 대표되는 70년대 노동인권 투쟁의 공간으로 시에서 자주 호명이 되지만 영세 봉제공장들이 사라지고 최첨단 동대문복합상가(DMC)가 들어선 오늘날에는 더 이상 독자들에게 그와 같은 의미를 환기시키기 어렵다.

특정한 작품의 내용이나 형식, 판소리의 문체나 시조 같은 특정 장르의 주제와 형식을 모방하기도 한다. 이들은 대체로 문학사에서 인정받은 작품, 즉 교과서에 실릴 정도의 권위를 인정받은 작품들이 대부분이다.

현대시에서 자주 패러디의 대상이 되는 작품으로는 김춘수의 「꽃」이 있다. '이름 부르기'를 통해 대상을 부재에서 존재로 전환시키는 일의 중요함을 이야기하는 이 작품은 여러 시인들에 의해 패러디 작품으로 거듭난다. 이들 패러디 작품은 「꽃」의 시상 전개나 구조, 혹은 어조를 그대로 차용하되, 원작의 어휘들이나 상황을 바꿈으로써 원작이 갖고 있는 의미를 전복시킨다.

사회의 주류를 이루고 있는 사상이나 가치들을 담고 있는 작품들은 특히 빈번한 패러디의 대상이다. 우리 사회에서는 기독교나 유교적인 가르침, 자본주의적인 관점들이 녹아 있는 작품들이 대표적인 패러디의 대상이다. 주기도문이나 성서의 한 구절의 어조를 흉내 내면서 내용을 비트는 패러디는 유일신에 대한 맹목적인 믿음이 우리 사회에 끼친 부정적인 영향을 비판하거나 희화화한다. 「심청전」 같은 고전작품은 한국식 유교의 가부장주의적 이념을 조롱하기 위해 패러디의 대상이 된다. 최근에는 가부장적 남성중심주의를 내면화한 작품들을 급진적인 여성주의 관점에서 패러디하는 시도가 활발하게 진행되고 있다.

오늘날 우리의 사고와 삶의 양식 전반을 지배하는 자본주의는 가장 즐겨 패러디와 패스티시에 이용되는 대상이다. 기술 발달로 인한 대량생산 시스템과 이를 통해 모든 것을 상품으로 만드는 자본주의의 특징은 주로 자본주의의 생산물이 취하는 존재 양식을 모방하는 방식으로 등장한다. TV 광고나 이 광고들이 선전하는 상품들, 한 시대를 풍미했던 영화나 가요 같은 대중문화 등의 내용을 패러디하기도 하고, CF송이나 신문기사, 메뉴판, 현수막의 문구, 심지어 사진이나 만화 등을 작품에 그대로 인용하기도 한다.

이처럼 패러디나 패스티시가 모방을 통해 권위를 전복시키는 것은 단순히 원작의 내용이나 주제만은 아니다. 그 원작에 부여된 권위, 그 원작이 전파하는 가치관, 그 가치관을 무비판적으로 수용하는 사회와 그것을 절대적인 진리인 양 숭배하는 우리의 태도 자체를 비꼬고 조롱한다. 권위에 대한 최종적인 도전은 결국 유일무이하고 독창적인 원본이 존재한다는 우리의 믿음을 향한다.

따라서 패러디와 패스티시가 사용된 작품에서는 전통적인 서정시들이 선사하는 종류의 반응, 이를 테면 공감이나 위로, 미학적인 아름

다음 등을 기대할 수 없다. 대신 발상의 새로움과 권위에 도전하는 대담함에 대한 놀라움, 때로는 이것이 과연 예술일까 싶은 의아함과 불편함을 얻을 수 있다. 그러나 이러한 특징들이야말로 낯설게 하기로서 정의되는 시의 특징에 가장 부합하는 것이기도 하다.

제 3 부

제6장 시는 낯설게 하기다
제7장 기의를 낯설게 하기
제8장 기표를 낯설게 하기

제6장 시는 낯설게 하기다

1. 시의 언어에 대한 오해들

시란 대화의 일종으로서, 본래부터 고유한 특징을 지니는 게 아니라 언어를 특별하게 사용함으로써 생겨난 효과라는 생각은 우리의 관심사를 언어로 돌려놓는다. 모든 대화, 모든 일상의 언어가 시는 아니기 때문이다. 그렇다면 도대체 어떻게 해서 일상적인 대화는 시가 되는 것일까?

이에 대해 이야기하기 전에 먼저 생각해볼 것이 있다. 즉, 시의 언어에 대한 것이다. 우리는 보통 시에 쓰이는 언어가 따로 있다고 생각한다. 혹은 시에 쓰이기에 더 적합한 언어가 있다고 생각한다. 어릴 적 동시를 지을 때 '파란 하늘' 대신 '파아란 하늘', '바람이 분다' 대신 '바람이 불어요'라고 표현했던 것이 그 증거다. 시에는 곱고 예쁜 표현을 써야 한다고 생각했던 것이다. 시에 더 적합한 언어가 있다거나 시에는 잘 정제되고 선별된 언어를 사용해야 한다는 이러한 관점을 아어적(雅語的)인 시어관이라고 한다.

사투리나 구어체, 혹은 "열세 살 먹은 내가 빨아줘 빨아주라 제 자지를 꺼내 흔드는 복순이 할아버지한테 침 퉤 뱉다 말고 폴짝 줄 넘고 있었는데"(김민정, 「나는야 폴짝」)나 "가운뎃손가락을 힘껏 세워/ Fuck you! 엿이나 먹고 떨어지라고!"(최금진, 「피뢰침」) 처럼 비속어나 노골적인 어휘들이 시에 사용되는 것을 거북하게 생각하는 것도 아어적인 시어관의 연장선에 있다.

아어적인 시어관은 고전(古典)을 모범적이고 추구해야 할 표현의 본으로 삼아야 한다고 보았던 고전주의의 소산이다. 시를 개인의 독창적인 감정과 사상의 표현으로 보는 근대적 관점이 생겨나기 전까지는 우아한 언어, 아름답고 초월적인 가치와 연결된 언어를 골라 써야 한다는 이러한 관점이 지속된다. 영국의 18세기 낭만주의 시인 워즈워드는 『서정민요집』을 창작하면서 평범한 사람들이 사용하는 일상의 언어도 시의 언어로 가치가 있다는 것을 주장하였고, 한국에서는 이보다 앞선 17세기 후반에 서포 김만중이 『서포만필(西浦漫筆)』에서 풀 베는 아이와 물 긷는 아낙네의 노래가 선비나 사대부의 고상한 시보다 더 진실하다[14]며 이와 비슷한 주장을 했지만, 이런 생각이 보편화되기까지는 훨씬 많은 시간이 필요했다.

시어는 함축성이나 회화성, 혹은 음악성을 자니고 있다는 생각도 시어에 대한 오해 중 하나이다. 이러한 특징 역시 시에 사용되는 어휘 자체가 갖고 있는 본래적인 특징이라기보다는 일상에서 사용하는 언어를 특별한 방식으로 사용함으로써 나타나는 효과라고 보아야 할 것이다.

---

14) 김만중, 『서포만필(西浦漫筆)』, p.653, "我國詩文 捨其言而學他國之言 設令十分相似 只是鸚鵡之言 而閭巷間 樵童汲婦 咿啞而相和者 雖曰鄙俚 若論眞贋 固不可與學士大夫所爲詩賦者 同日而論"(우리나라 시문(詩文)은 우리말을 버리고 다른 나라의 말을 배우므로, 설사 십분 비슷하다 해도 그것은 앵무새가 사람 말을 하는 것이다. 일반 백성들이 사는 거리에서 나무하는 아이나 물 긷는 아낙네가 '이아'하면서 서로 화답하는 노래는 비록 천박하다고 하지만, 만약 진실과 거짓을 따진다면, 참으로 학사(學士), 대부(大夫) 이른바 시(詩)니 부(賦)니 하는 것들과 함께 논할 바가 아니다.)

이제 문제는 시의 언어는 어떤 특징을 지니고 있는가가 아니라 일상의 언어가 어떻게 시적 기능을 하게 되는가 하는 점이다. 이를 보다 자세히 이해하기 위해서는 일상의 언어에 대한 이해가 필요하다.

2. 일상 언어의 특징

가. 언어의 자의성과 관습성: 기표와 기의

언어에 대한 현대적인 관점은 20세기 초반의 언어학자 소쉬르에 의해 성립된다. 그의 견해는 언어학뿐만 아니라 현대적 사유 대부분이 빚을 지고 있다. 소쉬르의 언어학이 고전적인 언어학과 가장 다른 점은 언어를 실체(substance)로 보는 대신 관계적(relative)인 것으로 보았다는 점이다. 즉, 단어의 의미가 단어 각각에 고유하게 할당되어 있는 것이 아니라 다른 단어들과의 관계에서 생겨나는 것이며, 언어는 개별 낱말들의 단순한 집합이 아니라 여러 항목들이 상호 관계를 맺으며 작동하는 하나의 체계라는 것이다.

이러한 관점은 언어를 하나의 기호로 재정립하는 것에서 출발한다. 무엇인가를 어떤 표지로 대신하여 나타내는 것을 가리키는 기호는 교통안내 표지판에서부터 악보, 수학, 지도 등 우리 생활 곳곳에서 활용된다. 모든 기호는 전달하고자 하는 의미와 그 의미를 표시하는 물질적인 것이 결합함으로써 의미작용을 하는데, 전자를 기표(signifiant, 記標), 후자를 기의(signifié, 記意)라고 부른다. 예를 들어 '+'라는 수학 기호는 '이 부호의 좌우에 있는 숫자들을 합하라'라는 기의와 기표 '+'의 결합을 통해 의미작용을 한다.

언어 기호 역시 마찬가지다. 소쉬르는 언어 기호의 기표를 시각적인 형태가 아닌 청각 이미지(sound image)로 본다.[15] 예를 들어 '봄'이라는 언어의 기표는 그것을 발음할 때 나는 소리 [bom]이 된다. '사계절의 하나'라는 이 기호의 기의는 '봄'이라는 기표와 필연적으로 연결되어 있는 것이 아니다. 만약 이 둘의 관계가 필연적으로 연결되어 있는 것이라면 세계 어디에서나 '봄'의 기의를 표시하는 기표는 동일해야 한다. 그러나 '봄'의 기의에 대한 기표는 '春[chūn]', 'spring [spriŋ]', 'Frühling[frý:lıŋ]' 등과 같이 언어마다 다르다. 이러한 사실은 특정한 기의와 기표의 결합이 필연적이지 않고 우연적이라는 것을 보여준다. 소쉬르는 이를 언어의 '자의성'이라고 부른다.

그럼에도 불구하고 동일한 언어를 사용하는 사람들끼리는 특정한 기표와 기의가 필연적으로 연결되어 있다고 생각한다. 이러한 연결에 대한 사회적 합의가 있기 때문이다. 그 외에도 어떤 의미를 전달하기 위해서는 어떤 단어를 선택해야 하는지(어휘 및 형태에 관한 문제), 어떤 순서로 단어들을 배열해야 하는지(통사 구조에 관한 문제), 또 사회적인 맥락과 관련하여 어떻게 의미를 해석해야 하는지(의미에 관한 문제) 등에 대한 합의가 있다. 이러한 사회적인 합의를 문법 혹은 코드라고 한

15) 언어의 물질적인 측면이라고 하면, 종이 위에 쓰여진 시각적인 형태가 일차적으로 떠오르지만, 문자 언어가 존재하지 않을 때에도, 혹은 문자를 갖지 못한 언어에서도 소리만으로 의미작용을 해왔다는 것을 유념해야 한다. 또한 묵독(默讀)을 하거나 생각을 할 때에도 속으로 말을 하지, 눈으로 보지는 않는다. 때문에 소쉬르는 청각 이미지가 더 근본적인 것이라고 본다.

다. 동일한 언어를 사용하는 사람들이 소통할 수 있는 것은 이러한 문법을 공유하고 있기 때문이다.

따라서, 언어의 시적인 기능, 즉, 언어 자체에 주의를 기울이게 한다는 것은 일차적으로 언어의 이러한 자의적인 속성과 언어 관습에 대해 주의를 기울이게 하는 것이라고 할 수 있다. 즉, 기표와 기의의 결합은 자의적이며 이는 다만 관습에 의해 관례적으로 결합되어 있을 뿐이라는 사실, 그렇기 때문에 우리가 당연히 여기는 의미와 소통이 사실은 매우 위태롭고 취약하다는 사실을 드러내는 것이 언어의 시적인 기능인 것이다.

이러한 폭로는 언어에 국한된 문제가 아니다. 역사와 문화는 물론 우리의 삶 전체가 언어에 의해 매개된다는 점을 고려한다면, 언어의 자의적 속성과 언어 관습을 문제 삼는 일은 우리가 믿고 있는 모든 신념과 관습 전체를 문제 삼는 일이기도 하다. 즉, 시적 기능은 너무나 오래 동안 유지해왔기 때문에 일말의 의심도 하지 않는 습관화된 사고와 관습들을 '낯설게 만들어' 우리의 지각과 인식을 새롭게 하는 것이라고 할 수 있다.

나. 언어의 생성 원리: 선택과 결합

낯설음은 우리가 당연하다고 생각했던 것에 균열이 가해질 때 생겨난다. 언어에 대한 의심과 회의 역시 우리가 통상적으로 언어와 소통에서 기대하는 바가 좌절될 때 발생한다. 사전의 도움을 받아도 의미가 선명해지지 않고, 통사규칙을 준수한 문장인데도 이해할 수 없을 때 우리는 낯설음을 느끼고 비로소 진지하게 따져보게 된다.

일상적인 소통의 관습을 파괴하고 메시지 자체에 주의를 돌리게 하는 언어의 시적 기능들 전체를 가리켜 형식주의자들은 '기법(technic)'이라고 부르기도 한다.[16] 우리가 시적 표현이라고 알고 있는 것들, 즉, 운율이나 리듬, 이미지화나 은유, 상징 등이 여기에 속할 것이다.

기법들은 개별 단어 자체의 속성에 있는 것도 아니고, 개별 단어들만으로 이루어지는 것도 아니다. '나무'나 '달리다'와 같은 단어 하나하나를 낯설게 만든다면서 그 기표를 바꾸거나 기의를 변경한다면 아예 소통 자체가 불가능해진다. 따라서 기법들은 여러 개의 언어 요소들을 '선택'하고 '결합'하는 과정에서 생겨난다. 중요한 점은 이러한 '선택'과 '결합'이 시적인 기법들을 만드는 데에만 사용되는 고유한 방식은 아니라는 점이다. 이는 모든 소통가능한 언어가 발생하는 원리이다. 즉, 언어를 낯설게 만드는 것은 완전히 새로운 언어를 만드는 게 아니라 이미 존재하는 언어의 체계 및 원리를 따르되 선택과 결합을 부분적으로 왜곡하여 이루어지는 것이다.

먼저 선택과 결합에 의해 일상 언어가 만들어지는 과정을 살펴보자. 선택과 결합은 의미를 갖는 최소 단위인 단어를 생성하는 단계에서부터 구, 문장, 그리고 하나의 완결된 글을 생성하는 단계에 이르기까지, 모든 차원에서 매순간 그리고 동시적으로 발생한다.

예를 들어, 단어의 생성 과정은 먼저 음운들을 선택하고 그렇게 선택된 음운들을 결합함으로써 만들어진다. '봄'이라는 단어는 'ㅂ', 'ㅗ',

16) 빅토르 쉬클로프스키, 「기법으로서의 예술」, 츠베탕 토도로프 편, 김치수 역, 『러시아 형식주의』, 이화여자대학교 출판부, 1991, 78~103쪽

'ㅁ'이라는 세 개의 음운이 결합되어 만들어진 것으로, 이 세 개의 음운은 각각 자음군과 모음군에서 선택된 것이다. 선택된 이들 세 개의 음운 대신 다른 음운이 선택되었을 수도 있는데, 만약 그랬다면 다른 단어, 즉 다른 의미를 갖는 기호가 된다. 이렇게 그 자체로는 기의를 갖지 않지만 의미를 달라지게 만드는 요소를 변별적 요소라고 하며 단어의 변별적 요소는 '음운'이다.

문장은 이와 같은 방식으로 만들어진 단어들을 선택하고 결합함으로써 형성된다. '봄이 온다'는 문장은 '봄'이라는 명사와 '이'라는 조사, 그리고 '온다'라는 동사의 결합으로 이루어지며, 각각의 단어들은 동일한 종류의 품사군 가운데에서 선택된 것이다. 만약 다른 단어들을 선택한다면 전혀 다른 의미를 갖는 문장이 형성된다. 단락이나 한 편의 글이 생성되는 과정도 이와 동일하다. 무수히 많은 문장들 가운데 선택된 문장들이 결합하여 하나의 단락을 이루고, 그러한 방식으로 만들어진 단락들이 결합하여 한 편의 완결된 글이 된다.

소쉬르는 어떤 자리에 선택될 수 있는 요소들을 연합적(paradigmatic) 관계에 있다고 보았고, 결합되어 하나의 문장을 이루는 요소들은 통합적(syntagmatic) 관계에 있다고 본다. 가령, 단어의 차원에서 볼 때, 동일한 문법적 기능을 가진 단어들, 동의어 및 반의어처럼 상관된 의미를 가지고 단어들, 그리고 유사한 음성 패턴을 가진 단어들은 각각 그 단어들끼리 연합적 관계를 이룬다. 이들 연합적 관계에 있는 단위들은 언제든 서로를 대체하여 '선택'될 수 있다. '봄이 온다'는 문장을 예로 들자면 '봄'과 그 대신에 올 수 있었던 '가을', '친구', '희망' 같은 단어들이 연합적 관계를 맺고 있는 것이다. 반면, '봄', '이', '온다' 처럼 이미 선택되어 하나의 전체를 이루고 있는 요소들 간의 관계가 통합적 관계이다. 따라서 통합적 관계에 있는 요소들은 서로 인접해 있으며, 이들이 결합되어야 의미작용이 완결된다.

정리하자면 문장 속의 한 단어는 함께 선택된 다른 단어들과 인접하며 수평적인 관계를 맺음과 동시에, 선택될 수 있었으나 선택되지 않은 유사한 다른 단어들과 수직적 관계를 맺으며 이 두 가지 관계에 의해 의미가 결정된다.

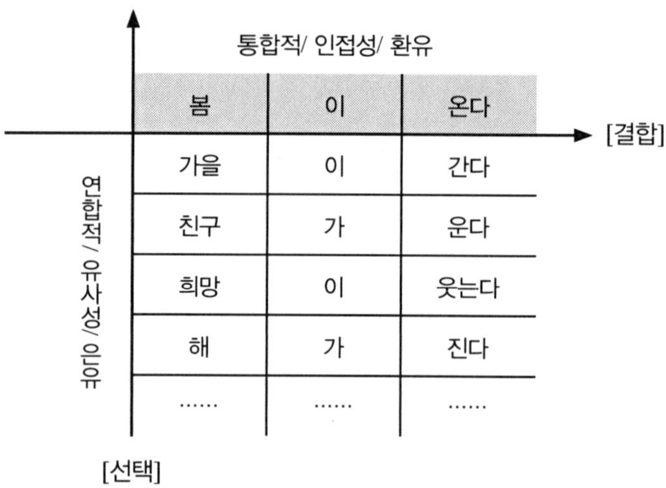

후에 야콥슨은 연합적 관계와 통합적 관계라는 소쉬르의 두 가지 개념을 발전시켜 은유와 환유의 원리를 설명한다. 즉, 연합적 관계에 있는 요소들은 서로 교체될 수 있다는 점에서 유사성(similarity)을 갖고 있으며, 이들 유사성을 활용하는 것이 은유이다. 반면, 통합적 관계에 있는 요소들은 서로 이웃해 있다는 점에서 인접성(contiguity)을 갖고 있으며, 이 인접성을 활용하는 것이 환유이다.

일상적인 발화에서는 연합적 관계에 있는 요소들 가운데 하나를 선택하고 이들을 결합하여 통합적인 관계로 만들 때, 그 언어가 갖고 있는 고유한 법칙, 즉 문법을 따른다. 이를 테면, 주어나 서술어의 자리에 올 수 있는 요소들의 조건이라든지, 이들을 문장으로 만들 때 지켜야 할 규칙 같은 것들이 그것이다. 언어를 배운다는 것은 선택할 수 있는 어휘들의 목록을 확장시키는 일임과 동시에 그 언어 고유의 결합 원리를 익히는 것을 모두 포함한다.

3. 일상 언어의 낯설게 하기

문법의 공유로 인해 일상적 발화는 정보 전달이라는 언어의 기본적인 기능을 충실하게 수행할 수 있다. 그러나, 문법을 위반하여 언어의 요소를 선택하고 결합하면 일상의 언어는 낯설게 된다. 예를 들어 보자. '봄이 온다'라는 문장은 우리말의 문법을 준수하며 단어들을 선택하고 결합한 것으로 우리의 주의를 끌지 못한다.

그러나 '봄이 운다'라는 문장은 어떤가? <주어+서술어>라는 통사 규칙을 따르고 있기는 하지만, 의미론적으로는 비문법적인 문장이다. 정보 전달이 목적인 일상의 발화라는 측면에서 보자면 이 문장은 성공적인 표현이 아니다. 이 문장이 지시하는 구체적인 외부의 사실도 존재하지 않고 그 의미도 모호하기 때문이다. 그러나 이런 표현을 우리는 '시적인 표현'이라고 한다.

이러한 선택과 결합의 결과, '봄'과 '운다'라는 단어는 원래 갖고 있던 사전적 의미 이외의 의미를 갖게 된다. '운다'라는 동사와 결합함으로써 '봄'이라는 기표는 원래 갖고 있지 않던 인간과 관련된 의미를 갖게 되며, 인간적인 행위를 서술하는 '운다'라는 기표는 '봄'과 연결되면서 자연과 관련된 의미를 갖게 된다. 또한 비물질적인 '봄'이 감각할 수 있는 것처럼 형상화된다. 언어 요소들을 비문법적으로 결합함으로써 기의가 본래보다 확장되고 있는 것이다. 이러한 효과를 수사학적으로는 비유라고 하며, 시어의 차원에서는 함축성을 갖게 되었다고 한다.

여기에서 한 걸음 더 나아가 '봄이 운다'라는 문장을 '봄이 온다'라는 문장과 결합하고, 다시 '밤이 간다'라는 문장을 결합해 보자. 이렇게 생성된 '봄이 온다/ 봄이 운다/ 밤이 간다.'와 같은 통합체는 각각의 문장이 의미하는 바의 총합보다 훨씬 확장된 의미를 갖게 된다.

그러나 그 의미가 무엇인지 생각하기도 전에 먼저 감지되는 것이 있다. 바로 소리의 반복이다. 비슷한 음운의 반복과 비슷한 길이의 끊어 읽기 단위, 비슷한 통사 구조의 반복이 우리의 주의를 끄는 것이다. 비문법적인 선택과 결합을 통해 이처럼 언어의 소리에 주의를 기울이게 하는 기법을 리듬이나 운율이라고 한다

정리하자면, 언어는 언어의 규칙, 즉 문법을 준수하느냐 위반하느냐에 따라 일상적 발화가 될 수 있고 시적 발화가 될 수도 있다. 완전히 내면화된 문법 규칙에 따라 언어의 구성 요소들을 선택하고 결합하면 그 발화는 일상적인 발화가 된다. 시적인 효과는 이러한 언어 사용 규칙을 의식적으로 위반할 때 생겨난다.

문법의 위반은 자의적이지만 매우 강력하게 연결되어 있는 기표와

기의 사이를 헐겁게 하여 그 간극을 벌여 놓고, 새로운 결합을 만들어 낸다. 이를 통해 기표가 관습적으로 환기하던 기의의 영역을 확장시키고, 기의를 통해 기표의 경계도 새롭게 변경한다.

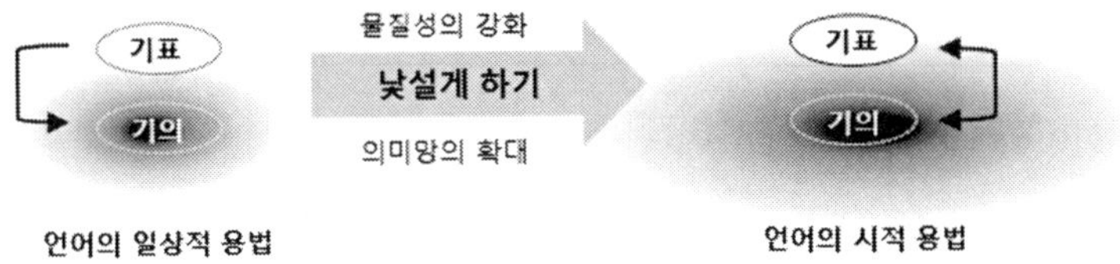

이는 두 차원에서 이루어질 수 있다. 하나는 기의의 차원에서 언어를 낯설게 만드는 것이고, 다른 하나는 기표의 차원에서 언어를 낯설게 만드는 것이다. 전자가 비유의 원리라면, 후자는 운율의 원리이다. 그러나 이 두 가지는 서로 독립적으로 발생하는 것이 아니라 유기적으로 결합하여 작품 전체의 의미와 리듬을 만든다. 이어지는 장에서는 낯설게 하기의 구체적인 방법들을 기의 및 기표의 두 가지 차원으로 구분하여 살펴볼 것이다.

일상에서 언어는 강을 건너고 나면 아무도 신경 쓰지 않는 나룻배처럼 의미가 파악되면 그걸로 잊혀진다. 반면 언어 규칙을 벗어나는 시적 발화에서는 의미나 의도를 쉽게, 그리고 즉각적으로 알기 어렵다. 이처럼 실용적인 역할을 멈춘 언어는 우리로 하여금 언어 자체를 생생하게 체감하게 하며, 더 나아가 언어의 상투적이고 습관적인 사용이 초래한 세계에 대한 상투적이고 무감각한 인식까지 낯설게 만든다.

제7장 기의를 낯설게 하기

1. 기의를 낯설게 한다는 것의 의미

언어의 의미, 즉 기의는 여러 종류로 구분할 수 있지만 기의 차원에서의 낯설게 하기를 설명하기 위해 주목하여 볼 것은 개념적 의미와 연상적 의미의 구분이다.[17]

개념적인 의미란 외연적 의미 또는 지시적 의미라고도 하는데, 개인의 주관적 사용이나 문맥적 쓰임과 상관없이 그 단어가 갖고 있는 가장 필수적이고 기본적인 의미를 뜻한다. 동일한 언어를 사용하는 사람들끼리 의사소통이 가능한 것은 이 개념적 의미 때문으로, 일상에서 대화를 할 때 주로 이 개념적 의미에 의존한다.

연상적 의미는 개념적 의미로부터 파생되는 의미를 뜻하는 것으로서, 의미론에서 제시하는 연상적 의미의 종류는 다양하다. 중심적이고 사전적인 개념적 의미로부터 사회적 환경과 관련된 사회적 의미, 언어 사용자의 감정이나 태도가 투영된 정서적 의미, 그 언어의 개념적 의미와 아무런 상관이 없지만 즉각적으로 떠오르는 반사적 의미, 화자의 의도가 추가된 주제적 의미 등이 있다. 연상적 의미를 갖는 어휘가 따로 있는 것이 아니라, 모든 어휘들은 이처럼 다양한 연상적 의미를 갖는다. 예를 들어 '나무'라는 단어는 생명, 자연, 종이, 다람쥐 등과 같이

---

17) G.N. Leech, *Semantics* (Harmondsworth: Longman, 1974/1981) 여기에서는 임지룡,『국어 의미론』, 탑출판사, 1992, 36~39쪽 참고.

다양한 제2의 의미들을 연상시킨다.

이러한 구분을 적용해보자면, 기의의 낯설게 만들기를 통해 일상의 언어를 시적으로 만든다는 것은 다양한 종류의 연상적 의미들을 활성화시키는 것이라고 할 수 있다. 즉, 일상의 용법으로 사용되었다면 개념적인 의미로 한정되었을 의미의 경계를 확장시키는 것이 시적 언어의 효과인 것이다.

언어와 사고 과정의 관계를 도식화한 다음 표는 언어의 연상적 의미를 확장한다는 의미가 무엇인지 이해하는 데 도움을 준다.[18]

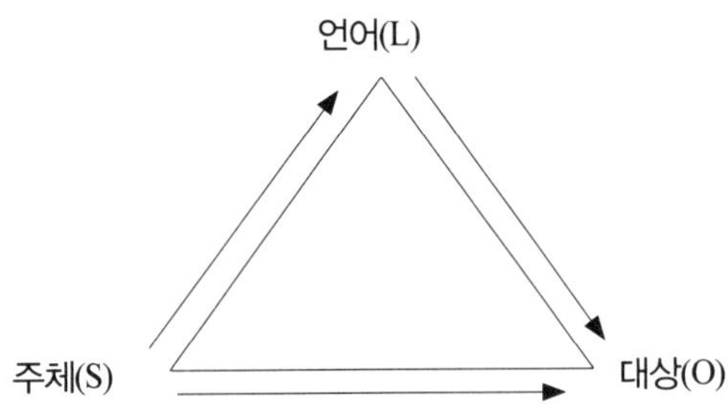

이 도식은 우리가 세상을 인식하고 사고하는 과정이 주체, 대상, 언어의 3자 관계 하에서 이루어진다는 것을 보여준다. 우리는 대상에 대해 직접적인 경험(S-O)을 할 수 있지만, 그것에 대해 사유하거나 다른 사람에게 그 사실을 전달하기 위해서는 대상을 대신할 기호를 사용해야 한다(S-L-O). 집에 오는 길에 본 반짝이는 돌멩이에 대해 이야기하고 싶다면 그걸 갖고 가서 직접 보여줄 수 있지만, 하늘에 떠 있는 달이나 험준한 산에 대해 이야기하려면 그것을 대신할 기호 없이는 불가

18) 필립 휠라이트, 김태옥 역,『은유와 실재』, 문학과 지성사, 1999, 20쪽.

능한 것처럼 말이다.

언어의 기원에 관심을 갖는 학자들은 최초의 언어가 대상에 밀착되어 있었다고 본다. 즉, 언어는 대상과 언제나 연결되는 마술적 기능에 의해 사람들에게 대상과의 연속감과 일체감, 즉, '원초적 통일성'을 경험하도록 했다는 것이다.[19]

언어와 대상, 언어와 세계가 이처럼 필연적으로 연결되어 있었다는 생각에 소쉬르는 동의할 수 없었겠지만, 이 맥락에서 중요한 것은 언어가 세계와의 접촉을 잃고 그 자체만의 닫힌 체계로도 의미작용을 할 수 있게 되었다는 사실이다. 특정한 기표와 기의가 습관적이고 지속적으로 결합하여 사용되면서 한 몸처럼 의미를 전달하고 이해하는데 쓰이게 되었으며, 이 과정에서 대상은 소외된다. 대상을 직접 떠올리지 않고도 개념적이고 추상적인 의미만으로 소통이 가능해진 것이다.

이를 테면, 우리는 '나무 한 그루가 서 있다'는 문장을 읽고 특정한 종류와 형태를 지닌 나무 한 그루를 떠올리지 않는다. 이런 장면을 떠올리지 않더라도 즉각적으로 그 의미를 이해하는데 지장이 없으며, 일상적인 대화에서는 이런 장면을 떠올리지 않는 것이 더 효과적이다. 말하자면, 언어의 추상화와 개념화 덕분에 소통의 모호성이 줄어든다. 그러나 그 대가로 언어와 세계는 분리되고, 우리는 세계와 접촉없이, 세계를 떠올리지 않고도, 언어 기호와 그 나름의 규칙으로 이루어진 닫힌 체계 속에서 사유하고 소통하며 살아갈 수 있게 되었다.

19) 김준오, 앞의 책, 59쪽.

이러한 맥락에서 일상의 언어로 시적인 효과를 만들어낸다는 것은 앞서도 언급한 것처럼 기표와 기의의 자의적 연결을 폭로함으로써 대상(세계)이 끼어들 여지를 새롭게 만드는 것이며, 이로써 대상과 세계에 가까이 다가가도록 하는 것이라고 할 수 있다.

기의의 차원에서 낯설게 하기는 두 가지로 나누어 설명할 수 있다. 우선, 구체적이고 감각적인 대상을 지시하는 언어들이 그 본래의 기능을 회복하도록 하는 것이다. 직접 보고, 듣고, 만지고 있지 않아도 언어만으로 대상을 직접 감각하고 있는 것과 같은 효과를 경험하게 하는 것, 즉 이미지를 활성화시키는 것이 그 첫 번째이다.

그러나 감각할 수 있는 대상이나 상태를 기의로 갖는 언어는 언어 중 극히 일부에 지나지 않는다. 그리움이나 좌절감, 경이로움 같은 감정이나 진리, 영원, 무한 같이 물질적으로 존재하지 않는 것을 지시하는 단어들은 애당초 이미지화할 수 있는 게 아니다. 그러나 언어 요소들을 비문법적으로 결합시킨다면 이처럼 추상적이고 개념적인 것들 역시 감각적인 이미지로 전환시킬 수 있다. 이것이 바로 기의의 차원에서 일상의 언어를 낯설게 하는 두 번째 방법으로서, 추상적인 관념을 감각적 의미(이미지)와 연결 짓는 비유이다.

이와 같은 방식으로 표현되는 추상적인 관념은 철학이나 과학, 종교의 언어로 표현되는 추상적인 관념과는 다른 효과를 갖는다. 철학이나 과학, 종교 역시 추상적인 의미를 전달할 수 있다. 그러나 이성에 기대는 추론과 논증의 언어로는 추상적인 것을 설명하고 이해할 수 있게 해줄 수는 있지만 그것을 경험하게 하게 해주지는 못한다. 그에 반해 기의를 낯설게 함으로써 생겨나는 시적인 표현은 개념적이고 추상적인 의미마저 구체적이고 감각적으로 경험할 수 있게 한다.

이제부터 기의의 차원에서 일상의 언어를 낯설게 하는 두 가지 방법에 대해 보다 구체적으로 살펴보자.

2. 이미지

가. 이미지의 개념과 효과

1) 이미지의 개념과 종류

일상 언어를 기의의 차원에서 낯설게 만드는 첫 번째 방법은 일상의 언어에서 구체적이고 감각적인 이미지를 떠오르게 하는 것이다. 이미지란 우리의 감각기관을 통해 수용된 경험이 정신에 저장되었다가 다시 재생된 것을 말한다. 다시 말해, 이미지는 외부 세계에 존재하는 원본에 대한 정신적 재현물이라고 할 수 있다.

그림이나 조각, 광고, 영화처럼 머릿속으로 떠올리는 이미지가 아닌 실제로 볼 수 있는 것들도 이미지라고 하는 것은 시각 예술 자체가 이미 존재하는 대상을 재현한 것이기 때문이다. 이처럼 외부 세계에서 실제로 감각할 수 있는 대상으로 존재하는 이미지와 머릿속에서 환기되는 이미지를 구분하기 위해 후자를 정신적 이미지라고 부르기도 한다.

앞서 든 예들은 모두 시각적인 이미지이지만 이미지에는 시각적인 것만 있는 것은 아니다. 실제 바다에 있지 않아도 파도의 소리와 짭조

름한 냄새, 끈끈하고 뜨거운 바람을 떠올릴 수 있는 것처럼 우리의 감각기관을 통해 수용된 자극은 모두 정신에 저장되었다가 이미지로 재생된다. 이미지의 이러한 특징을 강조하기 위해 감각적 이미지라고 부른다.

감각적 이미지는 어떤 감각기관을 통해 수용된 것이냐에 따라 시각적 · 청각적 · 후각적 · 미각적 · 촉각적 이미지 등으로 나뉜다. 이 다섯 가지 감각기관과 관련된 이미지 외에도 무서운 것을 보았을 때 등골이 서늘해지는 느낌이나 흥분했을 때 심장이 빨리 뛰는 느낌 같이 감각기관이라고 하기 어려운 몸의 또 다른 기관에서 느껴지는 자극도 우리 정신에 저장되었다가 재생된다. 실제 뱀을 보고 있지 않으면서 뱀을 떠올리는 것만으로도 오금이 저리고 손에 식은 땀이 나는 것도 이러한 예에 속한다. 공감각적 이미지는 개별적인 감각 경험들이 복합적으로 재생되는 경우를 지칭하는데, 천재적 예술가들은 실제로도 색깔에서 맛을 느끼거나 음악에서 그림을 떠올린다고 한다.

언어의 도움 없이 눈을 감기만 해도 특정 이미지를 떠올릴 수 있지만, 언어는 확실히 이미지를 촉발시키는 좋은 계기가 된다. 특히, '나무', '불', '솟구치다', '따뜻하다'처럼 구체적이고 물질적이며 감각할 수 있는 대상 혹은 현상을 기의로 갖는 언어들이 그러하다. 감정이나 추상적인 생각을 나타내는 개념어나 전문적인 분야에서 사용하는 논리어, 특수한 것에서 공통적인 속성으로 도출해낸 보편어 등은 상대적으로 이미지를 환기시키기 어렵다.[20]

문제는 앞서도 언급했듯이 구체적인 대상을 지시하는 언어를 읽고도 우리가 반드시 이미지를 환기하는 것은 아니라는 점이다. 이를 테

20) 오규원, 『현대시작법』, 문학과지성사, 2005, 27~34쪽.

면, '나무'라는 단어는 '밀도'나 '원리'와 달리 구체적인 대상을 지시하는 단어임에도 불구하고 그것의 이미지를 떠올리는 것은 쉬운 일이 아니다. 사실 '나무'라는 단어는 구체적인 대상을 지시하는 단어가 아니다. '나무'는 세상에 존재하는 개별적이고 특수한 나무들을 보편화한 의미를 지닐 뿐이다. 따라서 '나무'보다는 '느티나무', 그보다는 '오래된 느티나무', 그보다는 '바람이 불면 나뭇잎을 흔드는 오래된 느티나무'가 훨씬 더 구체적인 이미지를 떠오르게 한다.

이러한 사실은 개념적인 의미에서 감각적인 의미로의 전환을 위해서는 언어들의 결합이 필수적이라는 것을 시사한다. 특히 구체적이고 특수한 대상이나 현상을 의미하는 언어들과의 결합이 필요하다.

이렇게 환기된 감각적인 이미지들은 종종 다른 의미나 관념과 연관되곤 한다. 예를 들어, '바람이 불면 나뭇잎을 흔드는 오래된 느티나무'라는 감각적인 이미지는 맥락에 따라 고향, 노년의 아버지, 존재, 자유를 향한 열망 등의 관념과 연관된다. 추상적이고 개념적인 의미로 수렴되는 우리의 관습적인 사고 작용은 너무나 강력하기 때문이다. 이렇게 다른 어떤 관념과 연결되는 이미지는 비유의 구성요소가 된다. 즉, 원관념을 표현하는 보조관념이 되는 것이다.

따라서 이미지는 그 기능에 따라 두 가지로 구분할 수 있다. 이미지가 이미지 자체로 머무는 이미지와 다른 관념을 환기하는 이미지가 그것이다. 전자를 묘사적 이미지라고 한다면, 후자를 비유적 이미지라고 부른다.[21]

---

21) 김춘수는 묘사적 이미지 대신 '서술적 이미지'라고 불렀지만 서술(narration)이라는 말에는 시간적 경과에 따른 사건의 전개라는 의미가 담겨 있고, 김춘수

2) 이미지화의 효과

이미지화를 촉진시키는 언어가 어떠한 효과를 낳는지, 그리고 어떠한 방식으로 이러한 작용이 이루어지는지 앞서도 인용한 적 있는 이상화의 「곡자사」와 정지용의 「유리창」의 비교를 통해 살펴보자. 이 두 작품은 모두 자식을 잃은 슬픔을 표현한 것이라고 알려져 있다. 그러나 시에서 중요한 것은 이와 같이 주제를 아는 것이 아니다. 이 작품의 화자가 경험하고 있는 것을 독자인 우리도 생생하게 경험하는 것이 중요하다.

「곡자사」에서는 화자의 감정이나 화자가 처한 상황 등을 쉽게 이해할 수 있다. 일상적인 발화와 유사한 방식으로 조직되어 있기 때문이다. 그러나 우리는 화자는 무엇을 보고, 듣고, 만지고 있는지, 화자의 표정이나 주변의 분위기는 어떤지 등을 구체적으로 떠올리기는 쉽지 않다. 반면, 「유리창」은 「곡자사」보다 이해하는 데 시간이 더 소요되기는 하지만, 일단 상황이 파악되고 나면 영상으로 재현할 수 있을 정도로 구체적인 이미지가 떠오른다.

유리에 차고 슬픈 것이 어린거린다
열 없이 붙어 서서 입김을 흐리우니
길들은 양 언 날개를 파닥거린다
지우고 보고 지우고 보아도
새까만 밤이 밀려나가고 밀려와 부딪치고,

가 해당하는 영어 표현으로 제시하고 있는 용어도 'descriptive'이기 때문에 대상을 자세히 묘사한다는 의미를 살려 묘사적 이미지로 사용하는 것이 적합할 것이다.

물먹은 별이, 반짝, 보석처럼 박힌다.
밤에 홀로 유리를 닦는 것은
외로운 황홀한 심사이어니,
고운 폐혈관이 찢어진 채로
아아, 너는 산새처럼 날아갔구나!

- 정지용, 「유리창」 전문

여기에서 우리는 차가운 겨울의 어느 깊은 밤, 방 안에서 창밖을 바라보고 있는 한 사람을 떠올릴 수 있다. 뿐만 아니라 그가 느끼는 창의 차가움과 그가 바라보는 어둠 속의 별도 생생하게 떠올릴 수 있다.

이러한 차이는 두 작품에 선택된 어휘의 종류와 결합 방식의 차이에서 발생한다. 우선 「곡자사」에서는 "얼마나 울었던지", "불쌍한 어미", "가난한 아비"처럼 감정을 직접적으로 설명하는 어휘나 추상적인 속성을 표현하는 어휘들이 주로 선택되고 있다. "달보다 잘났던 우리 웅희"나 "두 가슴에 못이 박힌다", "마른 하늘에 벼락에다 어이 견주랴"처럼 감정을 구체적인 대상이나 감각체험과 연결 짓는 예가 있기는 하지만, 이러한 결합은 너무 상투화되어서 실제로 감각적 이미지를 떠올리기도 전에 개념적 의미로 수렴되고 만다. 그와 비교해서 「유리창」은 주로 구체적인 대상과 감각을 환기하는 단어들로 구성되어 있다.

「곡자사」의 언어는 또한 일상적인 발화와 매우 비슷하다. 이러한 이유 때문에 우리는 화자의 감정을 직접적으로 알 수 있고, 그래서 공감하기 쉽다고 여긴다. 그러나 이 작품은 위와 같은 감상 이외의 다른 감상을 허락하지 않는다. 이 시에서 표현하고 있는 '웅희의 죽음'이라는 사건 이외의 의미로 확장 가능성은 제한되며, 화자의 자리를 우리에게 쉽게 내어주지 않는다. 독자인 우리보다는 실존했던 시인에게로 수렴되는 이러한 발화가 우리에게 미치는 영향력은 한정적이다.

반면, 「유리창」에서 우리가 떠올리는 구체적이고 특수한 장면은 시인의 전기적 사실로 환원되지 않는다. 일상의 언어와 다른 방식으로 결합된 언어들은 독자의 적극적인 감상을 요구한다. 낯선 결합으로 인해 개념적인 의미를 즉각 떠올리기 어렵기 때문에 마치 처음 보는 어휘인 것처럼 각각의 의미와 이미지들을 떠올려야 하고, 이들을 서로 연결지으며 하나의 상황을 완성해야 한다. 이 과정은 시간을 필요로 하며 빨리 의미를 파악하고 싶어 하는 우리를 좌절시킨다. 그러나 이 지연되는 소통의 과정이 바로 우리가 정서와 의미들을 직접 경험하는 과정이기도 하다. 그 결과 「유리창」은 화자의 감정뿐만 아니라 개별 독자의 경험과 정서를 표현한 발화가 된다.

이런 이유 때문에 현대시에서는 감정과 관념의 이미지화가 매우 중요해진다. 이미지화야말로 시인의 의도와 언어의 한계를 넘어서 예기치 않은 인식의 확장과 공감의 심화를 가져오기 때문이다.

나. 묘사적 이미지와 환유의 원리

1) 묘사적 이미지

묘사적 이미지가 시가 나아가야 할 방향이라고 주장한 것은 김춘수다.[22] 그는 시가 관념, 현실, 역사, 이데올로기, 주제를 전달하는 수단이

22) 김춘수, 『김춘수 전집: 시론』, 문장, 1986. 243쪽.

아니라 그 자체가 목적이 되어야 한다고 본다. 그에 반해, 비유적 이미지는 언어를 기성의 의미, 보편적이고 통상적인 관념에 결부시킴으로써 종국적으로는 시를 실용적인 일상의 담화나 다름없는 것으로 만든다. 언어의 시적 효과가 언어를 낯설게 만들어 인식의 새로움을 가져다주는 것이라는 점에서 보자면, 김춘수의 이러한 의도는 충분히 납득이 가능한 일이다.

김춘수는 이미지 그 자체가 목적이 되는 이미지, 즉 묘사적 이미지를 구현하기 위해 부단한 노력을 하는데, 다음 작품은 그가 어떤 식으로 묘사적 이미지를 구사하고자 했는지 잘 보여준다.

눈 속에서 초겨울의
붉은 열매가 익고 있다.
서울 근교에서는 보지 못한
꽁지가 하얀 작은 새가 그것을 쪼아 먹고 있다.
월동하는 인동 잎의 빛깔이
이루지 못한 인간의 꿈보다도
더욱 슬프다.

- 김춘수,「인동 잎」전문

여기에서 우리는 눈 쌓인 한적한 야산에 작은 새 한 마리가 붉은 색 열매를 쪼아 먹고 있는 장면을 떠올릴 수 있다. 정적 속에서 작고 단단한 무엇인가가 나무 둥치를 두드리는 소리와 차갑고 상쾌한 공기가 뺨에 와 닿는 감각을 떠올릴 수도 있다. 이러한 이미지를 통해 독자들은 저마다 쓸쓸함, 평화로움, 한적함, 적막함, 그리움 등의 정서를 떠올릴 수도 있을 것이다. 이처럼 개별 독자의 사적인 경험과 상상력에 의해 환기된 각기 다른 풍경이나 감정은 추상적인 하나의 관념이나 주제로 수렴되지 않는다.

그런데, 김춘수는 이 시의 후반부가 "관념의 설명"이 되고 말았다고 하면서 묘사적 이미지만으로 이루어진 시가 되는데 실패했다고 본다.[23] 실패가 일어난 부분을 구체적으로 명시하고 있지는 않지만, 마지막 3행을 가리키는 것임을 짐작할 수 있다. 만약 이 3행이 없었다면 이 작품은 앞서 언급한 풍경과 그것에서 기인한 정서를 환기시키는 데서 멈췄을 것이다.

그러나, 마지막의 3행에서 "인동 잎의 빛깔"이 "이루지 못한 인간의 꿈"과 비교됨으로써 앞서 재현한 풍경이 관념적인 의미에 대한 보조관념으로 전환되고 만다. 즉, 눈 쌓인 겨울산은 인간의 가혹한 실존적 환경이라는 관념을, 작은 새는 그 속에서 살아가야 하는 인간 존재라는 관념을, 붉은 열매는 마지막까지 생명력을 잃지 않는 인간의 생명력이라는 관념을 의미하게 된 것이다.

2) 무의미시와 환유의 원리

문제는 오로지 대상에 대한 감각적인 이미지만 보여준다면, 그것은 대상을 사실적으로 묘사한 것에 그치기 쉽다는 점이다. 시가 관념에는 종속되지 않겠지만 대신 대상, 즉 외부세계에 종속되는 결과로 이어지게 된다. 김춘수는 이러한 위험을 피하면서 이미지가 이미지 자체로 남도록 하기 위한 방법을 모색한다. 다음 글은 묘사적 이미지를 통해

23) 김춘수, 「의미에서 무의미까지」, 위의 책, 386쪽.

시다움을 구축하는 방법을 짐작하게 한다.

> 사생이라고 하지만, 있는(實在) 풍경을 그대로 그리지는 않는다. 집이면 집, 나무면 나무를 대상으로 좌우의 배경을 취사선택한다. 경우에 따라서는 대상의 어느 부분을 버리고, 다른 어느 부분은 과장한다. 대상과 배경과의 위치를 실지와는 전연 다르게 배치하기도 한다. <중략> 풍경의, 또는 대상의 재구성이다. 이 과정에서 논리가 끼이게 되고, 자유연상이 끼이게 된다. 논리와 자유연상이 더욱 날카롭게 개입하게 되면 대상의 형태는 부숴지고, 마침내 대상마저 소멸한다. 무의미의 시가 이리하여 탄생한다.[24]

출발은 일상적인 대상을 재현하는 것이다. 그 다음 이들의 일상적인 연결을 파괴한다. 이를 테면, 재현하는 원래 대상의 모습을 부분적으로 은폐·변형·과장하거나 공간적 위치 및 시간적 순서를 변형하는 것이다. 이렇게 일상적인 대상의 모방에서 시작하여 낯선 대상을 창조하여 도달하는 시를 김춘수는 '무의미시'라고 명명한다.

현실의 재현과 왜곡이라는 두 단계는 무의미시가 환유의 원리에 기반하고 있음을 말해준다. 앞서 야콥슨과 소쉬르가 정립한 언어 생성의 원리를 상기해보면, 환유란 통합적인 관계를 이루는 요소들 간의 인접성에 기반하고 있는 것을 말한다.

현실 세계를 구성하는 요소들은 원인과 결과, 선후· 좌우·위·아래, 먼저 일어난 일과 나중에 일어난 일, 그리고 전체와 부분, 일반적인 것과 특수한 것의 관계를 이루고 있다. 말하자면 논리적·공간적·시간

24) 김춘수, 앞의 책, 387쪽.

적 인접성을 갖고 있는 것이다. 따라서 현실 세계를 있는 그대로 재현한다는 것은 서로 인접해 있는 요소들을 언어적으로 모방한다는 것을 뜻하며 환유의 원리를 따르는 것이라고 할 수 있다.

환유의 원리는 서사와 묘사의 두 가지 표현 방식과 연관된다. 시간적 · 논리적 인접성을 따라 세계를 언어화한 것이 서사라면, 공간적 인접성을 따라 세계를 언어화한 것이 묘사이다. 즉, 일상적인 서사와 묘사는 우리가 흔히 보는 일상적이고 상식적인 세계를 그대로 재현한다.

따라서, 세계에 대한 있는 그대로의 재현도, 어떤 의미나 관념도 전달하지 않는 것을 목표로 하는 '무의미시'는 일상의 언어와 가장 대척점에 놓여 있다고 할 수 있다. 일상적이고 상식적인 세계를 유지시키는 시간적 · 공간적 · 논리적 인접성을 의도적으로 파괴하고 왜곡시킬 때 이미지들은 그 자체로 존재하게 되며, 현실과는 전혀 다른 새로운 풍경을 창조하게 된다. 뒤에 살펴보겠지만 이러한 기법은 병치은유의 원리이기도 하다.

이러한 특징은 '시는 무용이고 산문은 도보'라는 폴 발레리의 비유를 참조하면 보다 이해하기 쉽다. 폴 발레리는 일상적 발화와 시적 발화를 각각 도보와 무용에 빗댄다. 특정한 장소에 도달하는 것을 목표로 하는 도보가 의미 전달이라는 명확한 목적에 봉사하는 산문의 비유라면, 몸이 만들어내는 형태 자체의 아름다움을 표현하는 무용은 존재 그 자체를 목표로 하는 시의 비유이다.

생산성이나 실용성의 차원에서 보자면 무용은 낭비이며 쓸모없는 행위이다. 대신 아무런 목적도 없이 몸을 사용함으로써 몸과 그 움직임 자체에 주의를 기울이게 하고, 그럼으로써 몸을 도구가 아닌 목적으로서 경험하게 한다. 김춘수가 '무의미시'로써 도달하고자 한 것도 이것이다. 언어 자체에 주의를 기울이게 함으로써 언어를 의미와 관념의 전달, 세계의 재현이라는 임무로부터 해방시키고, 이를 통해 수단으로서의 언어는 결코 행하지 못하는 존재로서의 경험을 하게 만드는 것이다.

다. 비유적 이미지와 은유의 원리

1) 비유적 이미지

대상에 대한 감각을 환기하는 것에서 그치지 않고 다른 개념을 환기시키는 감각적 이미지를 비유적인 이미지라고 했다. 김춘수는 비유적 이미지의 의의를 폄훼하지만, 비유적 이미지가 시에서 성취할 수 있는 있는 효과는 결코 미미한게 아니다. 정지용의 「유리창」은 감각적 이미지가 어떻게 비유적 이미지로 기능하게 되는지, 그 효과가 무엇인지 확인할 수 있는 좋은 예이다.

이 작품이 「곡자사」와 비교해서 훨씬 더 구체적이고 생생한 풍경을 떠올린다는 것은 앞서 이미 언급했다. 이 작품의 감각적 이미지들은 본래 대상 이외의 대상이나 관념을 비유하고 있다. 즉, 비유적 이미지로 기능하고 있다. 이러한 효과는 언어들의 비문법적인 결합을 통해 발생한다.

㉠ 유리창에 <u>차고 슬픈 것</u>이 어린거린다
㉡ 열없이 붙어 서서 <u>입김</u>을 흐리우니

ⓒ (무엇이?) 길들은 양 언 날개를 파닥거린다
ⓓ (무엇을?) 지우고 보고 지우고 보아도
ⓔ 새까만 밤이 밀려나가고 밀려와 부딪히고
ⓕ 물먹은 별이, 반짝, 보석처럼 박힌다

ⓐ에서 "차고 슬픈 것"이라는 표현 대신 개념어를 사용했다면 우리는 보다 쉽게 그 의미를 파악할 수 있었을 것이다. 그러나 이 작품에서는 이와 같은 손쉬운 방법 대신 여러 개의 시어를 이용하여 이를 감각적으로 표현한다. 그 덕분에 유리창에 어른거리는 어떤 움직임을 떠올릴 수는 있다. 그러나 그것이 무엇인지는 모호한 상태로 남겨진다. 유리창에 어른거리는 그것은 불빛일 수도 있고 화자의 그림자일 수도 있고, 어떤 상념일 수도 있다.

ⓒ과 ⓓ에는 문장의 필수 성분들이 생략되어 있다. ⓒ에는 주어가, ⓓ에는 목적어가 생략되어 있다. 그 결과, 무엇이 날개를 파닥거렸는지, 화자가 무엇을 "지우고 보고 지우고 보"는지 모호하다.

ⓔ과 ⓕ은 통사 구조 상으로는 문법에 맞으나 의미론적으로는 비문법적인 표현이다. ⓔ의 주어 "밤"은 의미론적으로 "밀려나가고 밀려와 부딪치고"라는 서술어와 결합할 수 없으며, ⓕ의 별은 젖을 수 있는 대상이 아니다. 밀려가고 밀려오는 움직임은 바다나 파도처럼 유동적인 대상에 대한 서술이며, 물이 배어들거나 젖어들 만한 대상은 솜이나 흙, 종이 같은 것이어야 한다. 그러나 이러한 비문법적인 결합으로 인해 우리는 결코 감각할 수 없는 밤의 움직임과 실제로는 존재하지 않는 젖은 별을 떠올릴 수 있다. 하지만 이러한 것들은 실제로 존재하지도 않고 감각할 수도 없기 때문에 이것의 의미는 모호한 채로 남는다.

여기에서 지속적으로 사용하고 있는 '의미가 모호하다'는 뜻을 오해하지 말아야 한다. 그것은 지시하는 대상이나 의미가 불분명하다거나 그것이 무엇인지 알 수 없다는 것을 뜻하지 않는다. 그보다는 여러 가지 의미로의 해석이 가능하다는, 즉, '다의적', '함축적'이라는 뜻에 가까운 모호성(ambiguity)이다.[25]

위의 예를 다시 보자. 동일한 문장 성분이 반복되는 경우에는 그 문장 성분을 생략할 수 있다는 통사 규칙에 따라, ㉢의 "길들은 양 언 날개를 파닥거린다"에서 생략된 주어와 ㉣ "지우고 보고 지우고 보아도"에서 생략된 목적어를 ㉡의 목적어 "입김"이라고 볼 수 있다. 즉, (입김이) "언 날개를 파닥거리는 것"이며, 창에 서린 (입김을) "지우고 보고 지우고 보"고 있는 것이라고 유추할 수 있다. 이는 또한 ㉠의 유리에 어른거리는 "차고 슬픈 것"의 정체이기도 하고, 작품의 후반부에 등장하는 날아가 버린 <너=산새>와도 연결된다.

그러고 보면 유리창에 바짝 붙어 서서 숨을 내쉴 때마다 생기는 입김은 산새가 작은 날개를 파닥거리는 모습과 비슷하기도 하다. 또한

---

25) 엠프슨은「일곱 가지 유형의 모호성」이라는 글에서 모호성이 발생하는 경우를 다음의 7가지로 제시한다. (1) 하나의 단어나 문법적 구조가 동시에 여러 가지 방향으로 효과를 나타내는 경우. (2) 둘 이상의 의미를 하나의 단어나 구문으로 표현할 경우 (3) 합리적 문맥에서 둘로 표현해야 할 관념을 의미상 하나의 낱말로 표현하는 경우 (4) 하나의 진술이 내포하는 둘 또는 그 이상의 의미가 내적 일치 없이 상호 결합하여 매우 복잡한 형태를 띠는 경우 (5) 글을 쓰는 과정에서 새로운 관념(idea)을 찾아내거나, 또는 심리적으로 그 관념이 즉시 포착되지 않아 혼란을 일으킬 경우 (6) 동음 반복(tautology), 모순어법(contradiction), 불합리한 진술(irre-levant statement) 등에 의해 그 진술이 아무 것도 언급하지 못하는 경우 (7) 하나의 낱말로 두 개의 뜻, 즉 시인의 내부에서 근본적으로 구분되는 가치를 하나의 언어로 표현하는 경우 (William. Empson, *Seven types of Ambiguity,* Penguin Books, 1965, pp.234~235. 여기서는 윤석산,『현대시학』, 새미, 1996, 335쪽 참조)

㉤의 “새까만 밤이 밀려나가고 밀려와 부딪히고”라는 표현은 창으로 보이는 밤풍경이 입김에 의해 가려졌다 나타나는 모습을 표현한 것이라고 볼 수도 있다. 즉, 화자의 “입김”이 창에 서려 밤의 풍경을 가리면 그 입김을 지우고, 그러면 다시 밤의 풍경이 나타나는 일이 반복되고 있는 것이다.

의미의 확장은 여기에서 그치지 않는다. 화자가 지우고 보기를 반복하는 것이 <입김=산새=너>였음을 상기한다면, “밀려나가고 밀려와 부딪히”는 것은 파도의 움직임에 비유되는 밤의 상태만이 아니라, 날아간 <산새=너>에 대한 그리움이기도 하다. 즉, ‘너’의 상실에 대한 감정의 변화를 감각적이고 물질적으로 형상화하고 있는 것이다. 시어의 결합을 통해 비유적 의미를 갖게 되고 모호성이 극대화된다는 것은 바로 이러한 의미이다.

2) 비유적 이미지와 은유의 원리

묘사적 이미지에서 비유적 이미지로의 전환은 이처럼 문법을 위반하여 언어를 선택하고 결합한 결과이다. 그 때문에 개별 단어의 사전적인 의미를 안다고 해도 이 작품이 담고 있는 의미를 이해하기는 쉽지 않다. 이를 이해하기 위해서는 작품의 이미지들을 서로 비교하며 연결고리를 찾아야 한다. 이는 순전히 독자의 몫이다.

이 과정은 작품의 처음에서 마지막까지 순차적으로 이루어지지 않는다. 작품 초두에서 처음에 떠올렸던 이미지의 의미는 작품을 읽어나가며 계속해서 수정되거나 보완되거나 추가되고, 작품의 후반에 등장하는 이미지에는 이제까지 축적된 모든 이미지와 의미, 그리고 정서가 스며든다.

이와 같은 방식으로 「유리창」 전체를 읽는다면, 이 작품을 구성하는 이미지들로부터 다음과 같은 하나의 그물망을 이끌어낼 수 있다.

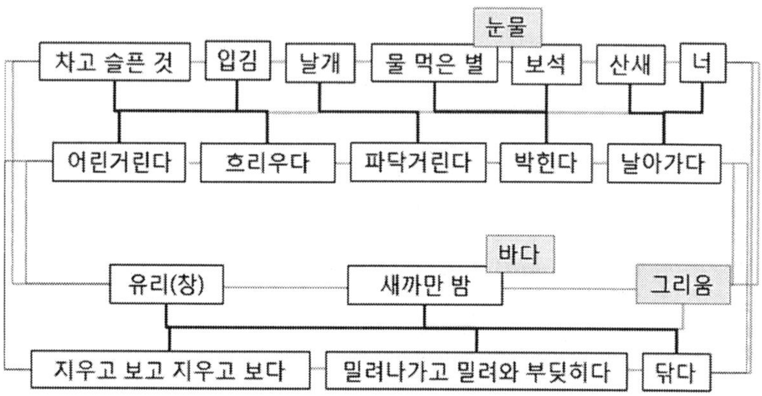

이미지들은 언어의 선조적인 특징 때문에 텍스트에는 순차적으로 제시된다. 그러나 이미지의 구조를 보면 이 이미지들은 동시에 서로 서로 연결되어 있다. 즉, 모든 이미지들이 하나도 빠짐없이 복잡하게 얽히며 연결되어 있는 하나의 체계를 이룬다. 작품을 읽는다는 것은 이처럼 이미지들을 서로 연결시키며 하나의 그물망을 구성하는 일이라고 할 수 있다. 이 과정에서 이미지들은 서로에게 동시적으로 의미를 전달해주고 또 서로에게 물들며 생생하고 풍부한 정서적 경험과 의미를 형성해 간다.

여기에서 특히 주목할 것은 이미지와 이미지들 간의 유사성이다. 즉, 야콥슨이 말한 은유의 원리에 의해 이미지들이 결합되고 있는 것이다. 예를 들어, <차고 슬픈 것-입김-날개-물 먹은 별-보석-(눈물)-산

새-너>들은 유사성의 관계를 맺고 있다. 이 가운데는 "물먹은 별이, 반짝 보석처럼 박힌다"처럼 유사성이 문면에 명시적으로 드러나는 이미지들도 있고, <입김-날개>처럼 암시적이거나 느슨하게 연결되는 이미지들도 있다.

이때 말하는 유사성은 단순히 실제로 형태가 비슷하거나 원래부터 비슷한 의미를 지니고 있다는 것을 의미하지 않는다. 그보다는 오히려 일상적인 차원에서는 유사성이 있다고 생각하지 못했던 것들, 혹은 전혀 상관없다고 생각하던 것들이 서로 결합되면서 이 작품에 한해서 유사성을 갖게 된 것이다. 일상 언어를 낯설게 만드는 것은 이처럼 언어들을 선택하고 결합하여 일상적인 차원에서는 발견할 수 없는 유사성을 새롭게 부여하는 것이라고 할 수 있다. 이는 뒤에 살펴볼 치환은유의 원리이기도 하다.

3. 비유

가. 비유의 종류와 기능

1) 비유의 종류

다른 어떤 관념과 연결되는 비유적 이미지는 비유의 구성 요소가 된다. 비유(figure)는 기의를 낯설게 만드는 가장 전통적이고도 핵심적인 방법으로서 본래 전달하려는 바(원관념, tenor)를 다른 대상(보조관념, vehicle)을 통해 지시하는 것을 말한다.

비유의 원관념과 보조관념은 '새벽 이슬 같은 눈동자'의 예에서처럼 둘 다 감각적 이미지일 수도 있고, '죽음은 무(無)다.'처럼 둘 다 개념적 의미일 수도 있으며, '전봇대는 이상(理想)처럼 곧게 솟았다.'처럼 둘 중 하나는 감각적 이미지이고 다른 하나는 관념일 수도 있다.

비유에는 은유, 직유, 환유, 제유, 의인법 등 다양한 종류가 있다. 그러나 이는 하나의 일관된 기준에 의해 구분한 것이라기보다는 유사한 특징을 보이는 것끼리 귀납적으로 분류한 것에 가깝다. 그럼에도 불구하고 이러한 비유들은 일반적인 언어의 생성 원리에 따라 크게 두 가지로 구분할 수 있다. 즉, 비교되는 두 개의 단어, 이를 테면 원관념과 보조관념이 유사한 관계에 있는 것끼리 결합한 경우와 인접한 관계에 있는 것끼리 결합한 경우가 그것이다.

가장 대표적인 비유인 은유는 원관념과 보조관념 사이의 유사성을 특징으로 한다. 직유법, 의인법, 활유법 등도 명칭은 다르지만 은유와 마찬가지로 유사성을 갖는 두 대상을 연관 짓는다. 비교의 대상들이 어떤 종에 속하느냐에 따라, 만약 <인간-생물> 사이의 유사성을 주목하는 경우라면 의인법, <생물-무생물> 사이의 유사성을 주목하는 경우라면 활유법이라고 구분한다. 한편, 비교되는 두 대상의 유사성을 '~처럼, ~같이, ~듯, ~양'과 같은 연결사를 통해 직접적으로 드러내는 것을 직유라고 부른다.

제유는 사물의 한 부분으로 그 사물의 전체를 나타내는 수사법, 환유는 어떤 사물을, 그것의 속성과 밀접한 관계가 있는 다른 낱말을 빌려서 표현하는 수사법으로 구분한다. 하지만, 비교되는 두 사물 혹은 대상은 유사한 관계가 아니라 인접하는 관계에 있다는 점에서 공통점을 갖는다.

예를 들어 '인간은 빵만으로 살 수 없다.'는 제유의 예에서 보조관념인 '빵'은 원관념인 '식량'과 유사한 게 아니라 '식량'의 한 종류일 뿐이며, 따라서 일반적인 것에 대한 특수한 것의 관계를 이루고 있다. '왕관'으로 '왕'을 나타내는 환유의 예 역시 마찬가지다. '왕'과 '왕관' 사이에는 유사성이 있는 게 아니라 소유자와 소유물의 관계가 있다. 말하자면, 환유와 제유는 유사성을 제외한 모든 연상적 관계에 있는 것들의 비교와 교환으로 이루어진다고 할 수 있다. 이때, 유사성을 제외한 연상적 관계의 예로는 시간적 · 공간적 · 논리적 인접성을 포함하여, 부분과 전체, 일반과 특수, 발명자와 발명물, 소유물과 소유자, 창작자와 창작물 간의 관계가 있다. 따라서 환유와 제유를 엄밀하게 구별할 수 없으며, 그 둘을 다 환유로 대표시키는 것이 근래의 추세이다.[26]

2) 일상에서의 비유와 시에서의 비유

비유는 시에만 사용되는 것은 아니다. 일상에서도 우리는 비유를 자주 사용한다. 특히 우리가 잘 알지 못하는 것에 대해 이야기할 때, 혹은 표현하고자 하는 바를 더 정확하고 생생하게 전달하기 위해, 그리고 표현하고자 하는 바를 지시하는 적절한 단어가 아직 없을 때, 이미 잘 알려진 것에 빗대어 말하곤 한다.

어떤 사람을 '고양이처럼 생겼다'거나 어느 날 아침의 유난히 상쾌한 기분을 '가을 아침, 찬물로 세수하고 난 듯한 기분'이라고 비유하는 것은 표현하고자 하는 바를 더 정확하고 생생하게 전달한다. '돼지코 아

26) 한국문학평론가 협회, 『문학용어비평사전』, 국학자료원, 2006.

댑터' 역시 비유가 사용된 경우인데, 새롭게 발명되어 아직 이름을 갖지 못한 사물에 이미 존재하는 비슷한 것의 이름을 사용한 예이다.

그러나 시에서 비유는 일상적으로 사용되는 비유와는 중요한 차이가 있다. 우선, 시에서 비유는 이미 알고 있는 것을 사용하여 원래 표현하고자 하는 것을 정확하게 전달하여 이해하도록 하는 것을 주된 목적으로 하지 않는다. 물론 이러한 기능 또한 중요하며, 실제로 낭만주의 이전까지 비유는 일상에서의 비유처럼 본래 전달하려는 의미를 '보다 정확하게 전달'하려는 목적에서 사용되는 장식적인 것으로 여겨져 왔다. 하지만 현대시에서 비유는 정확한 의미의 전달 이상의 것, 이를 테면, 생생한 이미지나 정서의 환기, 언어로 표현할 수 있는 것 이상의 의미, 언어로 표현할 수 없는 것의 표현 등을 목표로 한다.

예를 들어 "내 마음은 호수요, 그대 노 저어 오오"라는 은유의 단골 예시는 은유를 사용하지 않고 "그대여, 내 마음을 받아주오"라고 바꿔 말할 수도 있을 것이다. 그러나 이와 같은 직접적인 표현은 비유적 표현이 우리에게 불러일으키는 것의 극히 일부만을 전달할 수 있을 뿐이다.

언어로 표현할 수 없는 것을 표현하는 것이 은유의 목적이라고 말해 놓고 이 비유의 의미를 언어로 설명한다는 것은 어불성설이지만, 이해를 돕기 위해 한 번 시도를 해보자. 우선, 은유는 '마음'을 '호수'라는 대상과 비교함으로써 구체적이며 감각적인 대상처럼 형상화한다. 이러한 감각적 이미지에 더해, 비교되는 두 대상이 갖고 있는 속성과 연상적 의미들이 서로에게 전염되는 효과도 낳는다. 넓고, 잔잔하고, 고요하고, 깊은 '호수'의 감각적 특징이 '마음'에 전이되고, 반대로 '호수'라는 자연물에는 인간만 가질 수 있는 정서나 사유와 연관되는 의미가 전이된다.

그 결과 이 은유는 언어로 표현되지 않은 의미와 정서까지도 환기하게 된다. 가령, 나는 호수처럼 언제나 같은 자리에서 그대가 오기를 기다린다, 내가 그대를 생각하는 마음은 호수처럼 넓고 깊고 고요하다, 그렇기 때문에 그대에 대한 나의 마음은 순간적으로 들끓는 정념과는 다른 것이다, 또한 나의 마음은 호수와 같기 때문에 그대가 나에게 오기 위해서는 노를 젓는 것과 같은 수고도 필요하다, 그대가 나에게 오기 위해 노를 저을 때마다 나의 마음에는 작은 파문이 일 것이다, 등등.

이런 관점에서 보자면 적어도 시에 사용된 비유에 대해서만큼은 '원관념'과 '보조관념', 혹은 본래 전달하려는 의미와 그것을 매개하는 수단이라는 식의 구분은 불가능하며 또한 무의미하다. 비교되는 두 대상은 '원-'과 '보조-'라는 접두어가 환기하는 것처럼 우위나 경중을 갖는 게 아니며, 보조관념은 단순히 원관념을 전달하기 위해 동원된 보조수단이나 장식도 아니다. 이 둘이 동시에, 그리고 동등하게 의미작용을 할 때만이 사용된 언어를 뛰어넘어 완전히 새로운 제3의 의미를 창조할 수 있다. 이제 시에서 특별히 중시되는 핵심적인 비유들을 조금 더 구체적으로 살펴보자.

나. 상징과 알레고리

1) 상징과 알레고리의 공통점

철학자들은 존재란 무엇이고 무(無)란 무엇인가와 같은 관념들을 설명하기 위해 두꺼운 책 한권의 분량의 추론이나 논증을 행한다. 사상가나 도덕가들 역시 사회적으로 옳고 그른 것과 바른 삶의 태도 등에 대해 길고 긴 설교를 한다. 그럼에도 불구하고 다 담아낼 수 없는 의미들이 있다. 상징이나 알레고리는 이와 같은 일련의 언어적 연쇄, 즉 담론으로도 다 담아낼 수 없는 관념들을 하나의 이미지 혹은 이미지의 연쇄를 통해 단번에 드러낸다. 그런 점에서 상징과 알레고리 또한 원관념과 보조관념의 결합으로 이루어진 비유 가운데 하나라고 할 수 있다.

다른 비유들과 구별되는 점이 있다면 상징과 알레고리의 보조관념은 반드시 감각적 이미지, 즉 구체적이고 가시적인 대상을 환기하는 언어를 취한다는 점이다. 그런 점에서 상징과 알레고리에 동원되는 감각적 이미지는 언제나 비유적 이미지인 셈이다. 이때 감각적 이미지로 구성된 보조관념은 '빛'이나 '어둠'처럼 어떤 단일한 대상을 지시하기도 하고, 이솝 우화에서처럼 어떤 상황이나 사건으로 나타나기도 한다.

보조관념이 이렇게 작품에 명시적으로 드러나는 반면에 원관념은 작품의 문면에 드러나지 않는다는 점도 상징과 알레고리를 다른 비유들과 구별 짓는 차이점이다. 앞서 살펴보았던 것처럼 은유나 환유, 제유 등은 일반적으로 원관념과 보조관념이 작품에 동시에 제시된다. 그럼에도 불구하고 상징과 알레고리에서 보조관념만 보고 원관념을 자연스럽게 떠올릴 수 있는 것은 보조관념, 즉 이미지가 반복적으로 등장한다는 점, 그리고 원관념과 보조관념이 의미론적으로 필연적이고 강력하게 연결되어 있다는 점 때문이다.

2) 상징과 알레고리의 차이점

상징과 알레고리는 이러한 공통점 때문에 종종 혼동되기도 하지만 원관념과 보조관념의 결합 방식, 보조관념을 통해 환기하는 원관념의 속성 등에 의해 구분된다.

우선, 상징에서 원관념은 보조관념과 분리될 수 없다. 즉, 상징의 원관념과 보조관념은 유사성이나 인접성을 갖고 있는 요소들이 사후적으로 결합된 것이 아니라 본질적으로 하나를 이루고 있다. 상징(symbol)의 어원이 그리스어의 '짜 맞추다(symballein)'라는 동사라는 점이 시사하듯, 상징의 보조관념인 이미지와 그것이 환기하는 관념은 동전의 양면처럼 하나를 이루고 있으며, 다만 원관념은 숨어 있고 이미지만 겉으로 드러나 있다. 이런 이유 때문에 상징의 이미지는 원관념이 '외화(外化)'된 것이며, 원관념을 '암시', 또는 '현현(顯現)'한다고 표현한다.

반면, 알레고리에서 원관념과 보조관념의 관계는 다른 비유들보다는 긴밀하지만, 상징만큼 필연적이지는 않다. 알레고리의 보조관념은 원관념의 한 부분 또는 속성을 공유하거나 관습적으로 원관념과 연결된다. 그런 점에서 알레고리는 환유와 유사하다.

상징과 알레고리의 또 다른 차이는 이미지가 환기하는 원관념의 범주에서도 발견된다. 상징의 이미지는 이성이나 논리적인 사유로 포착할 수 없는 영역, 이를 테면, 초월적이며 우주적인 영역, 꿈이나 시의 영역에 속한 관념을 암시한다. 형이상학, 예술, 종교, 신화, 마술 등 무한하고 비의적(秘意的)인 것들을 지향하는 관념들이 바로 상징에서 이미지들이 환기하는 원관념이다.[27] 따라서 엄밀히 말해, 상징의 원관념을 언어로 말한다는 것은 불가능하다. 언어로 말할 수 없는 것을 표현하기 위해서 이처럼 이미지를 통해 암시하는 것이 상징이다.

알레고리의 원관념 역시 상징의 원관념과 마찬가지로 추상적인 개념들이다. 그러나 알레고리의 원관념은 우리의 사회적 삶과 보다 관련되는 개념들이다. 정의·평화·평등·미덕·악덕같이 도덕적 당위성이나 윤리적 태도, 사회적 관습에 관한 개념들이 주를 이룬다. 물론 이러한 관념들을 이처럼 하나의 단어로 표현하기는 했지만, 하나의 단어로는 그 함의를 다 담을 수 없다.

그러나 알레고리는 가시적인 이미지를 통하여 우리에게 익숙한, 그리고 한 두 마디의 언어로 표현할 수 없는 윤리적이거나 교훈적인 내용을 보다 직접적이고 간명하게 전달한다. 노력하지 않고 타인의 것을 착취하기만 하는 악덕한 존재를 '모기'나 '흡혈귀'로, 자기 욕심만 채우다가는 결국 모두 손해를 본다는 교훈을 두루미와 여우의 저녁식사 초대 이야기로 표현하는 것이 그러한 예가 될 것이다.

상징과 알레고리의 세 번째 차이는 원관념의 확산성이다. 상징에서는 이미지가 환기하는 원관념이 무한히 확산된다. 예를 들어 어둠의 이미지는 죽음, 무지, 미지, 악, 절망, 부재 등을 의미하지만, 동시에 재생, 부활, 신비 등 완전히 모순되는 관념들도 암시한다. 상징의 의미화 과정은 결코 종결되지 않으며 매번 새로워진다.

---

27) 질베르 뒤랑, 진형준 역, 『상징적 상상력』, 문학과지성사, 1998, 18쪽

반면, 알레고리의 경우에는 이미지를 통해 환기하는 원관념의 범위가 비교적 제한적이다. 알레고리의 원관념은 사회적 통념에 한정되어 있기 때문이다. 이러한 이유 때문에 알레고리에서는 전달하고자 하는 의미가 파악된 후에는 보조관념인 이미지가 쓸모 없게 된다. 상징이 보조관념 없이는 존재할 수 없는 것과는 다른 점이다.

3) 상징의 종류

우리가 상징이라고 알고 있는 것 가운데 대다수는 위에서 제시한 특징들과 별로 상관이 없는 것처럼 보이는 상징이 많다. 평화의 상징으로서 비둘기나, 희망의 상징으로서 태양 같은 것이 그러하다. 이러한 상징들은 원관념이 그다지 확산적인 것 같지도 않고, 비의적이지도 않은 것 같다. 이는 오랜 시간 동안 특정한 이미지와 관념이 반복적으로 결합되어 사용되었기 때문에 나타나는 현상이라고 할 수 있다. 이와 같은 상징을 관습적 상징이라고 한다. 관습적 상징은 종종 알레고리로 여겨지기도 한다.

관습적인 상징 가운데 특정한 문화나 종교에서 반복적으로 사용됨으로써 그 의미가 굳어진 상징을 따로 문화적 상징이라고 일컫는다. 기독교의 십자가나 포도주, 불교의 연꽃이나 만다라 같은 이미지들이 그러한 예로서, 이러한 이미지에는 그 종교의 모든 맥락과 의미가 깃들어 있다. 그 종교에 익숙한 사람에게는 그 이미지와 의미의 관계가 필연적이고 본래적인 것으로 여겨진다.

원초적인 차원에서 특정한 의미와 결합되어 있어 즉각적으로 관념들을 환기시키는 상징도 있다. 이를 원형 상징이라고 부르고 원형 상징을 구성하는 이미지를 원형 이미지라고 부른다.

원형 상징들은 자연에 종속될 수밖에 없는 인간의 육체적·심리적 특징에 의해 형성된 이미지들을 주로 보조관념으로 한다. 이를 테면, 태양, 바다, 하늘, 나무, 물, 불, 바람 같은 자연 이미지나, 좌·우, 위·아래 같은 공간 이미지, 붉은 색과 흰 색, 검은 색 등의 색채 이미지가 그 예이다. 이들 이미지들은 우리에게 즉각적으로 어떤 특정한 관념을 떠올리게 한다. 이는 원형 이미지가 원초적인 체험을 통해 무의식에 저장되어 있으면서 인류의 역사와 함께 지속적으로 반복하여 재생산되기 때문이다.

문화 상징, 원형 상징을 포함한 관습적 상징들은 습관적으로 사용됨으로써 그 의미가 고착된 것처럼 보이지만 이들을 새로운 맥락에서 사용하게 되면 마치 뜨거운 물속에서 말라 있던 매화가 피어나듯, 다채로운 의미가 활기를 띠며 되살아날 수 있다. 김수영의 「풀」이 그러한 예이다.

'민초(民草)'라는 말이 암시하듯 풀은 오랫동안 민중을 '상징'하는 것으로 굳어져 있다. 그러나 말이 상징이지, 원관념이 '민중'으로 한정되면서 알레고리나 다름없게 된 지 오래다. 그러나 김수영은 이를 새롭게 쇄신한다. 바람이 불어오고 풀이 그 바람에 누웠다 일어나기를 반복하는 이미지를 간결한 문장으로 반복함으로써 이 장면은 민중의 의지라는 의미를 넘어 확산된다. 생명 그 자체의 역동성은 물론, 자유와 속박, 초월과 좌절, 그리고 이를 경험하는 인간 존재와 운명의 교차적인 흐름까지도 암시한다. 이 모든 관념들은 어떤 하나의 관념으로 수렴되지 않으며, 이를 논리적이고 철학적인 언어로 표현하는 것도 불가능하다. 오직 이 시가 재현하고 있는 감각적인 이미지들과, 뒤에 살펴 보게 될 리듬을 통해서 비약적으로 암시될 수 있을 뿐이다.

한편, 관습적인 상징들과 비교했을 때 개인 상징은 상징으로서 포착되기가 어렵다. 개인 상징은 한 시인의 여러 작품에서 반복적으로 나타나는 특정한 이미지가 상징의 기능을 하는 것을 말하지만, 개별 작품에 국한지어 보았을 때는 어떤 관념과도 연결되지 않는 묘사적인 이미지처럼 보이기 때문이다. 이 묘사적인 이미지가 여러 작품에서 지속적이고 반복적으로 출현하게 되면 하나의 상징이 된다.

김춘수의 작품들에서 이러한 개인 상징의 예를 발견할 수 있다. 그의 초기에서 후기에 이르는 많은 작품에는 어떤 사물이나 공간의 아랫부분이 눈물이나 물기로 젖어 있는 이미지가 자주 등장한다. 예를 들어 초기작인 「늪」에서는 저지대에 형성된 "늪"이, 중기의 「눈물」에서는 "남자와 여자", "오갈피 나무"의 아랫도리, 그리고 새의 "발바닥"이 젖어 있는 이미지가 등장하며, 「처서 지나고」에서는 가랑비에 젖는 "태산목 커다란 나뭇잎"이, 「디딤돌」에서는 아내가 발을 딛는 디딤돌이 달빛에 젖은 이미지로 나타난다.

개별 작품의 차원에서 볼 때는 이러한 <하강(하부)+젖어 있음>의 이미지는 슬픔이나 비애감과 같은 정서를 환기할 뿐, 다른 관념을 비유하는 보조관념으로는 작용하지 않는다. 그러나 일련의 작품들을 나란히 놓고 본다면 이 반복적으로 등장하는 이미지들은 하나의 그물망을 이루며 존재론적인 의미를 환기하게 된다. 이처럼 개인 상징은 시인 자신에게만 특수하고 개별적인 가치를 지니는 이미지가 보편적이고 일반적인 의미와 연결되면서 상징성을 띠게 되는 것을 지칭한다..

다. 은유

1) 치환은유

비유 가운데 가장 대표적인 것이 은유이다. 때문에 비유와 은유라는 용어는 구별 없이 사용되기도 한다. 아리스토텔레스가 『시학』에서 은유를 "어떤 사물에다 다른 사물에 속하는 이름을 전용하는 것"이라고 정의한 것이나[28] 은유의 어원이 'meta(over, beyond)'와 'phora(carrying)'의 합성어라는 사실은 은유의 핵심이 의미의 이동에 있다는 사실을 암시한다. 이처럼 한 단어의 의미를 다른 단어의 의미로 바꾼다는 점을 강조하기 위해 은유를 치환은유라고 부르기도 한다.

의미의 이동은 모든 비유의 특징이기는 하지만, 다른 비유들과 달리 은유의 주목할 만한 고유성이 있다. 그것은 상이한 두 대상, 혹은 두 개의 의미 사이에 이루어지는 전이가 유사성을 중심으로 발생한다는 것이다.

> 금방 날개가 겨우 돋힌 비행기의 병아리는 재봉사가 지원(志願)인가 봅니다.
>
> 그러기에 할딱할딱 숨이 차서도 이슬에 젖은 포도주의 하늘을 분주히 돌아댕기며 도망하는 구름의 치맛자락을 주름잡습니다.
>
> 아이 어느새 저 녀석이 물속에 뛰어 들어가서 고기떼를 몰고 댕기네.
>
> \- 김기림, 「비행기」 전문

28) 그 구체적인 종류를 ①유에서 종으로 ②종에서 유로 ③종에서 종으로 ④유추에 의하여 (다른 명사로) 대치하는 것으로 제시한다. (아리스토텔레스, 이상섭 역, 『시학』, 문학과지성사, 2008, 70~73쪽.)

이 작품은 비행기가 하늘을 나는 모습을 재봉사의 바느질하는 모습, 병아리가 물속에서 물고기를 좇는 모습에 빗대고 있다. 이러한 치환은 "비행기", "병아리", "재봉사" 간의 유사성에 기반하고 있다. <비행기=병아리>의 유사성은 크기가 작고 갓 만들어졌다는 점, 그리고 하늘을 난다는 점이라면, <비행기=재봉사>의 유사성은 비행하는 모습에 있다. 유사성은 또한 <하늘=물>, <비행=재봉질>, <구름=치맛자락>, <구름=고기떼> 사이에서도 발견할 수 있다.

치환은유의 원관념과 보조관념은 둘 다 문면에 드러나 있는 경우도 있지만, 위의 작품에서 "물"의 원관념이 직접 드러나지 않은 것처럼 원관념이 명시되지 않아 독자가 유추해야 하는 경우도 있다. 또한 원관념과 보조관념의 관계는 <비행기=병아리>, <비행기=재봉사>나 <구름=치맛자락>, <구름=고기떼>처럼 하나의 원관념에 대해 다양한 보조관념이 결합하는 경우도 있고, 원관념 하나와 보조관념 하나가 결합하는 경우도 있다.

원관념과 보조관념의 유사성의 정도 또한 다양하다. 「비행기」에서는 원관념과 보조관념이 형태상의 유사성에 기반하고 있어서 즉각적으로 파악할 수 있을 정도로 자명하다. 이럴 경우 치환은유는 대상을 참신하게 형상화하는 효과를 갖지만 의미의 심화와 확장으로 이어지지는 않는다. 이러한 차이는 다음 작품과 비교했을 때 보다 분명하게 드러난다.

앞뜰에 예고도 없이 푸석 떨어진 후박나무 잎
앙상하게 세월 빠져간 내 손금을 똑 닮았다

도도한 만추의 대하에 표류하는 텅 빈 배.

- 김교한,「후박나무 잎」 전문

위의 작품에서는 "후박나무 잎", "손금", "텅 빈 배"가 유사한 것으로 연결되고 있다. 이들 간의 유사성은 일차적으로는 대상의 외형에 있다. 그러나 이러한 형태상의 유사성은 존재론적 유사성으로까지 확장되면서 그 의미를 더욱 심화시키게 된다.

이를 테면, 윤기 잃은 노년의 손바닥과 잎맥만 남은 앙상한 낙엽의 유사성은 살아온 삶의 희로애락과 머지않아 다가올 소멸의 의미를 압축적으로 보여준다. <후박나무 잎=손금>은 다시 "표류하는 텅 빈 배"에 비유되는데, 일엽편주(一葉片舟)라는 상투적인 고사성어에서 차용한 것이지만 후박나무잎 떨어지는 가을 정원과 "만추의 대하" 사이의 유사성 덕분에 의미가 심화되고 이미지는 생생해진다. 즉, 청명한 가을 하늘 아래 떨어지는 낙엽과 망망대해를 떠도는 작은 조각배를 통해 무한한 시공간 속에 유한한 인간 존재의 운명을 환기하는 데까지 이른다.

2) 병치은유

은유의 원관념과 보조관념은 그 유사성의 정도에 따라 시적 긴장과 의미의 새로움이 달라진다. 원관념과 보조관념이 지나치게 유사하거나 예측가능하면 상투적이고 제한적인 의미를 갖게 된다. 반면 유사성이 거의 없는 경우에는 이해하기가 어렵다.

이처럼 유사성이 전혀 없는 것끼리 결합하여 제시함으로써 의미의 확장을 의도적으로 꾀하는 비유를 교유(交喻, diaphora)라고 부르는데, 하나의 낱말을 다른 대상'을 향해'(epi-) 이동(-phora)시키는 치환은유(epiphora)와 달리 교유는 유사성을 갖지 않는 두 개의 개념, 혹은 대상을 나란히 병치함으로써 서로 의미를 '통과'(dia)하여 '이동'(phora)하게 한다.

이런 점을 부각시키기 위하여 교유를 치환은유와 구분하여 병치은유라고 부르기도 한다. 비교하는 요소들 사이에 유사성이 거의 없는 것을 병치하여 연결한 것인데도 이를 은유라고 하는 것은 이러한 병치가 독자의 상상력을 자극하여 이들 사이의 유사성을 적극적으로 끌어내도록 만들기 때문이다.

따라서 병치은유에서 중요한 것은 병치된 대상들 사이의 불연속성, 단절성, 혹은 비논리성이다.

> 군중 속에 낀 이 얼굴들의 환영
> 비에 젖은 검은 나뭇가지에 걸린 꽃잎들[29]

필립 휠라이트가 교유의 예로 제시한 에즈라 파운드의 「지하철 역에서」이다. 이 작품의 두 이미지는 유사성보다는 감정적 조화에 의해 나란히 제시되어 있다는 것을 특징으로 한다. 또한 각각의 이미지들은 다른 어떤 관념의 비유가 아닌 그 자체로 하나의 풍경에 머문다. 그런 점에서 병치은유의 구성 요소들은 묘사적 이미지의 성격을 띄고 있다고 할 수 있다.

그러나 독자는 이 대비되는 이미지들 사이에서 어느 정도의 유사성

---

29) 필립 휠라이트, 앞의 책, 80쪽.

을 찾아낼 수 있다. 이는 어디까지나 주관적인 감상에 의해 감지되는 것으로서 치환은유에서보다 더 적극적인 우리의 상상력을 필요로 한다. 서로 무관하거나 대조되거나 불협화음적인 성격을 지닌 것들로부터 조화와 통일을 발견해야 하기 때문이다. 조화와 통일을 발견한다 해도 이러한 조화와 통일은 일시적이고 위태로우며 다채롭다.

이보다 더 핵심적인 병치은유의 특징은 본래 전달하려는 의미와 그것을 보조하는 것이라는, 원관념과 보조관념의 위계가 성립하지 않는다는 것이다. 즉, 병치된 두 개, 혹은 세 개, 네 개의 이미지들은 다른 하나의 이미지에 종속되거나 수렴되지 않고 각각의 고유한 이미지와 정서, 혹은 의미를 유지한 채 서로 긴장을 이루며 새로운 의미를 만들어 낸다.

우리 시에서 병치은유의 예로 자주 인용되는 것은 김춘수의 「나의 하나님」이다.

사랑하는 나의 하나님, 당신은
늙은 비애(悲哀)다.
푸줏간에 걸린 커다란 살점이다.
시인 릴케가 만난
슬라브 여자의 마음 속에 갈앉은
놋쇠 항아리다.
손바닥에 못을 박아 줄일 수도 없고 죽지도 않는
사랑하는 나의 하나님, 당신은 또
대낮에도 옷을 벗는 어리디어린
순결이다.
삼월에

젊은 느릅나무 잎새에 이는
연둣빛 바람이다.

- 김춘수,「나의 하나님」 전문

이 작품은 형식상으로 <나의 하나님은 ~이다>라는 치환은유를 주된 뼈대로 하고 있는 것처럼 보인다. 여기에서 원관념은 "나의 하나님"이며 그에 대한 보조관념이 5가지로 변주되고 있다. 이 5개의 치환은유를 구성하는 원관념과 보조관념은 '~은 ~이다'라는 언어적 표지를 통해 유사성이 명시되고 있지만, 일상적인 관념으로는 이러한 유사성을 이해하는 것이 쉽지는 않다.

첫 번째 치환은유인 "나의 하나님은 늙은 비애"는 비교적 이해가 수월한 것처럼 보인다. 하나님은 천지창조부터 우주를 주관해온 존재로서, 이 세계에 벌어지는 온갖 일들의 목격자이다. 하여 그가 보아야 했던 무수한 사건과 현상들, 이를 테면, 인간이 저지른 참혹한 일들과 인간의 나약함과 타락 등이 그를 비애에 빠지게 했을 것이라고 추측할 수 있다. 또한 아주 오래된 것은 우리에게 알 수 없는 비애감을 주기도 한다.

그러나 하나님과 "푸주간에 걸린 커다란 살점" 사이의 유사성은 무엇인가? "시인 릴케가 만난/ 슬라브 여자"는 누구이며, 그의 "마음속에 갈앉은 놋쇠 항아리"는 또 무엇이기에 이것이 하나님과 유사하다고 하는 것인가? 이러한 보조관념들은 매우 생생한 이미지를 떠오르게 하지만, 시행을 한두 번 읽는 것만으로는 이들과 "하나님" 사이의 유사성을 파악하기는 어렵다.

우리의 감상을 더욱 어렵게 하는 것은 나열된 보조관념들 사이의 관계이다. 하나님과 등가적 관계를 이루는 것으로 제시된 이 다섯 가지의 보조관념들은 결코 하나의 관념으로 종합되지 않는다. 이들이 환기하는 늙음과 젊음, 순결과 욕망, 육체성과 정신성, 무거움과 경쾌함, 비애와 상쾌함 등은 하나의 관념이나 개념으로 종합되지 않은 채 긴장관계를 이룬다. 말하자면 보조관념들 사이의 관계 역시 병치은유를 이루고 있는 것이다.

유일한 이해의 가능성은 "나의 하나님"이 이 모든 보조관들의 원관념으로 제시되어 있다는 점에 근거하여, 상호모순적이며 이질적인 것의 병치 그 자체가 하나님의 속성이라고 보는 것이다. 그러나 그렇게 이해해도 이 긴장과 불연속이 해소되는 것은 아니다. 의미로 쉽게 환원되는 치환은유와 달리 병치은유가 갖고 있는 이러한 긴장의 지속은 언어 그 자체에 주의를 기울이게 하는 시적 언어의 이상에 가까이 다가간 것이라고 할 수 있다.

4. 상상력과 동일성의 시

우리는 어떻게 한낱 언어로부터 지금 눈앞에 존재하지 않는 대상을 생생하게 떠올릴 수 있는 것일까? 또한 어떻게 한 번도 본 적 없는 대상이나 심지어 실제로는 존재하지 않는 대상의 이미지를 떠올릴 수 있는 것일까? 더 놀라운 것은 이러한 감각적 이미지로부터 세계에 대한 진리와 근원적인 원리 같이 추상적인 것에 대한 생각으로 도약할 수 있다는 점이다.

오래도록 우리의 관심을 끌었던 이러한 능력을 상상력이라고 부른다. 흔히 상상력은 다른 사람들은 하지 못하는 생각을 하는 능력이란 의미로 사용하지만, 'imagination'라는 번역어가 시사하듯, 엄밀한 의미에서 상상력은 이미지와 연관된 개념이라고 할 수 있다. 즉, 가장 기본적인 차원에서는 감각기관을 통해 정신 내에 이미지로 축적되어 있던 지각의 대상을 다시 환기하는 능력 자체가 상상력이다. 그리고 여기에서 더 나아가 이미지들을 결합하여 새로운 이미지를 창조하고 궁극적으로는 이미지를 통해 초월적이며 추상적인 진리에 도달하게 하는 힘 또한 상상력이다.

낭만주의 시대 미학자들은 상상력의 이러한 다양한 기능을 상상력의 단계 혹은 수준으로 바꾼다. 우선, 단순한 연상의 과정, 기억을 떠올리게 하며 일상적인 지각의 세계를 재현하는 단계가 있다. 이 단계를 상상력의 초보 단계로 보고 이를 상상력과 구분하여 공상(fancy), 혹은 재생적 상상력이라고 부른다. 이 초보적 단계의 상상력은 과거의 경험을 기억하고 그 기억을 재생하는 힘이긴 하지만, 세계 이면의 초월적인 원리나 보편적인 진리까지 파악하게 해주지는 못한다. 또한 이미지들을 결합할 때에도 대상들의 외적인 생김새나 겉으로 드러나는 속성처럼 비교적 쉽게 찾을 수 있는 유사성에 기반 하여 연결시킨다.

반면 고차원적 상상력은 드러나지 않은 유사성, 새로운 유사성을 발견하게 한다. 이질성이 강한 것들 사이에서 보통은 알아차릴 수 없는 유사성을 발견함으로써 새로운 관계를 맺는다. 이러한 이유 때문에 상상력은 낭만주의 미학자들에 의해 신의 창조력에 비교되기도 한다. 상상력에 의한 시는 천재(天才)의 소산이고, 공상에 의한 시는 재인

(才人)의 시라고 하는 것은 이러한 의미이다.

서로 다른 것들 사이에 유사성 혹은 공통점을 발견하는 이러한 힘, 혹은 이러한 관점은 세계가 거대한 하나의 유기체라는 믿음에 기반하고 있다. 겉으로는 서로 무관하고 멀리 떨어져 있는 것처럼 보이는 것들이 통일된 하나의 유기체의 부분들이며, 이들은 서로 유기적으로 연결되어 있을 뿐만 아니라 서로에 대한 거울이기도 하다는 것이다.

이를 테면, 인간과 나무는 세계라는 하나의 전체를 구성하는 요소들이며, 동시에 이들은 서로 닮아 있다. 생명체라는 점, 유한하다는 점, 직립하고 있다는 점, 하늘을 향하면서 땅에 붙잡혀 있다는 점, 죽음과 재생의 흐름 속에 있다는 점 등이 인간과 나무가 갖고 있는 유사성의 예가 될 것이다. 그러나 이러한 유사성은 겉으로 드러나 있는 것이 아니다. 상상력이 이들 사이의 유사성을 발견하여 그 의미를 드러내고 확장시킨다.

상상력과 그 기반이 되는 유기적 세계관은 근대의 직접적인 시작이나 다름없는 낭만주의 시대에 크게 부상한다. 이는 역설적이게도 유기체로서의 세계관이 위기에 처하게 된 것과 연관된다. 즉, 통일된 전체를 지탱해주던 신과 절연하고, 존재들을 하나로 연결지어주는 절대적인 진리로부터 독립을 쟁취한 대가로 조화롭고 통일적인 전체를 잃어버린 현대인들이 강렬하게 열망하는 이상이 유기적 세계이다.

시, 이미지, 상상력, 은유와 상징 등은 산산이 부서져 파편화된 존재들 사이의 통일성과 조화를 되찾아 주는 유일한 방법으로 추앙된다. "인간의 사고와 인간 감정의 궁극적인 목적인 단일성을 이룩하고, 그렇게 함으로써 정신을 유일하게 참된 하나인 그 원리와 원천으로 환원시키는 힘"[30]으로서 상상력이 언어를 통해 발현되는 현장을 시라고 본 것이다.

이러한 믿음은 낭만주의 시대 이후 아주 최근까지도 지속된다. 20세기 초 신비평가들이 감수성의 통합을 시의 최상으로 간주한 것이나, 김준오가 이를 '동일성의 세계관'이라고 부르며 산문장르와 구분되는 시의 원리로 규정한 것은[31] 이와 같은 유기적 조화에 대한 향수를 드러낸 것이라고 할 수 있다.

그러나 유기적 세계관은 물론 이를 구현하려는 시에 대한 회의도 존재한다. 인간을 자율적이고 독립적인 개인으로서 존재하게 해주리라고 기대했던 이성이 사실은 무력하고 기만적인 것일지도 모른다는 의심이 현대 들어 본격화되기 시작한 때문이다.

이성을 중심으로 유지할 수 있다고 믿었던 개인의 통일성은 물론 유기적 세계에 대한 가능성도 허위에 불과하다는 이러한 생각은 자본주의의 전세계적인 확산과 이념의 붕괴라는 사회경제 체제의 변화, 그리고 무의식 및 구조의 발견과 더불어 1980년대 후반 한국 현대시에 큰 변화를 가져온다. 시의 상상력은 더 이상 이질성 사이에서 유사성을 발견하는 데 초점이 맞춰지지 않는다. 그보다는 유기적이며 통일적인 세계에 대한 믿음을 파괴하는 것, 즉, 동일성의 세계를 전복하고 그 허위성을 폭로하려는 상상력이 현대시의 새로운 흐름을 형성하기 시작한다. 이러한 상상력에 의한 시를 동일성의 시에 대하여 반동일성의 시라고 부를 수 있을 것이다.

30) 테렌스 호욱스, 심명호 역, 『은유』, 서울대학교출판부, 1986, 63쪽.

31) 김준오, 앞의 책, 426쪽.

제8장 기표를 낯설게 하기

1. 기표를 낯설게 한다는 것의 의미

일상에서 대화를 하거나 글을 읽을 때 우리는 언어의 기표에는 주의를 기울이지 않는다. 언어를 의사소통의 도구로 생각하기 때문에 우리의 관심사는 기표가 아닌 기의에 있다. 그러나 시에서는 그럴 수가 없다. 비문법적으로 선택되고 결합된 기표의 연쇄들이 의미로 직진하려는 우리의 발목을 자꾸만 걸고 넘어진다. 이 가운데서도 특별히 기표의 차원에 우리의 주의를 사로잡는 경우가 있다. 이는 기표의 낯설게 하기를 통해 이루어진다.

기표를 낯설게 한다는 것은 언어의 물질성에 주목하게 하는 것을 의미한다. 이는 야콥슨이 언어의 시적 기능, 즉 메시지가 지배소가 되는 경우에 대해 설명할 때 실질적으로 염두에 두었던 것이다. 즉, 언어를 현실 맥락과 우선 연관 짓는 것이 아니라, 자기의식적인 것, 즉 언어의 소리 패턴이나 어법, 통사법 같은 언어의 본성 자체에 주의를 기울이게 하는 것을 의미한다.[32]

언어의 물질성은 일반적으로 음성으로 실현되는 언어의 소리와 글자로 실현되는 시각적 형태의 두 가지를 의미한다. 따라서 기표의 낯설게 하기는 언어의 소리를 낯설게 하는 것과 언어의 형태를 낯설게

32) 테렌스 호옥스, 오원교 역, 『구조주의와 기호학』, 신아사, 1993, 118쪽.

하는 것의 두 가지로 구분할 수 있다.

하지만, 언어의 소리나 형태를 낯설게 만든다는 것은 구체적으로 무엇을 말할까? '나무'라는 기표의 형태를 '★모'나 '*누마*'라고 바꾸거나 크기를 달리하는 것을 말할까? 혹은 [namu]를 [namo]나 [numa]처럼 다른 방식으로 읽게 하는 것일까?

이런 식으로 언어를 낯설게 하면 언어의 물질성이 전경화될지는 몰라도 특정 기표와 기의를 결합하는 데 작동하는 우리의 언어 관습을 완전히 파괴하여 소통의 가능성 자체를 중단시켜 버린다. 따라서 언어의 물질성에 주의를 기울이게 한다는 말은 그 단어를 완전히 다른 방식으로 발음하거나 표기 방식을 바꾸는 것과는 거리가 멀다. 적어도 소통을 구성하는 조건들을 유지하는 범위 내에서 언어의 소리와 형태를 낯설게 하는 것이라고 할 수 있다.

그 구체적인 방법과 효과를 언어의 형태와 소리의 차원 각각에서 먼저 살펴볼 것이다. 이와 같은 기표의 낯설게 하기는 궁극적으로 기의의 낯설게 하기로 이어진다. 기표와 기의는 동전의 앞뒷면과 같이 긴밀하게 연결되어 있기 때문이다. 따라서 마지막에는 리듬에 대한 고찰을 통해 기표와 기의가 상호작용하며 일상의 언어를 시적으로 만드는 종합적 효과를 살펴보려고 한다.

2. 언어의 형태를 낯설게 하기

기표의 전경화를 생각할 때 우리는 일반적으로 언어의 소리를 낯설게 하는 것을 먼저 떠올린다. 소리를 낯설게 하는 방법이 시에서 보다 널리, 빈번하게 사용되지만 언어의 형태를 낯설게 하여 우리의 주의를 끄는 방법 또한 일상의 언어로 시적인 효과를 생산해 내는 중요한 방법이다.

구체적인 예를 살펴보자. 아래 인용한 김승희의 「별」은 "별"이라는 단어를 중심으로 시상을 전개해 나가는데, 이때의 핵심은 이 시어의 기의도 아니고 소리도 아닌 형태이다.

별
에서
ㄹ이
떨어져서
무릎 같은 ㄹ이 떨어져서
땅에 내려와서
논에 들어가
벼가
되어서
벼로 패어서

- 김승희, 「별」에서

이는 우선 기표인 "별"을 <벼+ㄹ>로 분해하는 것에서 출발한다. 의미를 갖는 최소단위, 즉 하나의 단어였던 "별"에서 분해되어 나온 "벼"

와 "ㄹ"이라는 음운은 각각 독립된 두 개의 단어가 된다. "벼"는 본래 사전에 있던 쌀을 맺는 식물을 가리키는 단어가, "ㄹ"은 논에서 일하는 농부의 무릎을 의미하는 단어가 되는 것이다.

여기에서 주목할 것은 본래 음운은 한국어 체계에서 의미를 갖지 않는 단위라는 사실이다. 이런 음운 "ㄹ"이 농부의 무릎이라는 기의를 갖게 됨으로써 하나의 단어가 되는 것은 형태의 유사성 때문이다. 즉, 논에서 일하다 "힘들어서/ 꺾어져서/ 주저앉아서/ 겹친 다리/ 꺾인 무릎"과 "ㄹ"이 비슷하게 생겼다는 점 때문에 "ㄹ"이라는 음운이 마치 단어처럼 의미를 갖게 된 것이다.

일반적인 의미의 차원에서 볼 때에는 "별"과 "벼", 그리고 "별"과 농부의 무릎은 아무런 상관도 없다. 그러나 이 시에서는 언어의 형태에 주목함으로써 "별"을 <벼+농부의 꿇은 무릎>으로 해석했기 때문에 "별"과 "벼", 그리고 "별"과 "농부"는 매우 밀접한 관계로 맺어지게 된다. 이를 테면, 인간 존재를 포함하여 노동과 농경, 그리고 생명의 공급원인 "벼" 같은 대지적인 것이 "별"로 대표되는 천상적인 것과 연결되어 있음을 환기하면서, 하늘과 대지, 인간과 우주를 하나로 잇는다. 이러한 연결은 또한 농부와 벼, 즉 인간과 자연이 동일한 원천에서 뿌리를 두고 있다는 의미로까지 확장되면서 산업화로 인해 추락한 노동의 가치를 숭고하고 신성한 것으로 고양시킨다.

문정희의 「응」이라는 작품도 기표의 시각적인 차원에 주목하여 새로운 의미와 발견을 이룩해 낸다. 이 작품에서 낯설게 되는 것 역시 단어의 형태이다.

햇살 가득한 대낮
지금 나하고 하고 싶어?
네가 물었을 때
꽃처럼 피어난
나의 문자
"응"

동그란 해로 너 내 위에 떠있고
동그란 달로 나 네 아래 떠있는
이 눈부신 언어의 체위

- 문정희, 「"응"」에서

여기에서도 낯설게 하기는 단음절로 이루어진 단어 "응"을 분해하는 것으로부터 시작한다. 음운은 본래 의미를 갖지 않지만, "응"을 구성하는 음운들은 그 형태상의 유사성 때문에 각각 지평선('ㅡ'), "동그란 해('ㅇ')"와 "동그란 달"('ㅇ')이라는 의미를 갖게 된다. 그리고 두 개의 'ㅇ'은 다시 각각 "나"와 "너"라는 의미와 연결되면서 <ㅇ=해=나>와 <ㅇ=달=너>라는 두 쌍의 의미 연쇄를 이루게 된다. 의미의 확장은 여기에서 그치지 않는다. 의미론적으로 이항대립 관계를 지니는 이 두 개의 그룹들은 선택되지는 않았지만 선택되었을 수 있는 또 다른 이항대립적인 쌍, 예를 들어, 음과 양, 위와 아래, 천상과 천하 등의 연합체에 속한 대상들을 환기하면서 그 의미를 확장시키고 심화시킨다.

그리고 "언어의 체위"라는 성애적 비유는 이와 같은 이항대립 관계에 있는 요소들, 이를 테면 <해와 달>, <너와 나> 등을 결합하여 완전한 하나로 전환시킨다. 대립적 관계가 완전한 결합과 통합을 위한 전제조건이 되는 것이다. 그 결과 "응"이라는 단어 역시 본래 갖고 있던 동의와 긍정의 의미를 넘어 세상에 존재하는 모든 대립적인 것들의 하나 됨, 더 나아가 미학적 아름다움("너와 내가 만든/ 아름다운 완성")과 윤리적인 이상("땅 위에/ 제일 평화롭고/ 뜨거운 대답/ "응"")의 성취까지도 의미하게 된다.

황지우의 「무등」은 김승희의 「별」이나 문정희의 「응」과는 다소 다른 방식으로 언어의 시각적 차원을 전경화시킨다. 위의 작품들이 단어를 분해하여 그 구성요소의 형태를 전경화시켰다면, 「무등」은 개별 단어는 유지한 채 단어들을 재료로 산의 형태(△)를 만든다. 말 그대로 언어로 그림을 그리고 있는 것이다.

시의 제목인 "무등"은, 이 산의 형상이 광주민주화 항쟁의 상징적 공간 '무등산'의 시각적 표현임을 시사한다. 이러한 의미 때문에 산의 형상을 이루는 각 단어들도 본래 갖고 있던 사전적 의미 이외의 의미를 갖게 된다. 이를 테면, 이 산이 '무등산'이라면, 13줄에 걸쳐 띄어쓰기를 하지 않고 채곡채곡 쌓여 산의 형상을 만드는 개별 단어들은, 역사를 만드는데 일조한 민중 개개인을 지시하는 의미도 갖게 된다. 말하자면, 글자 하나하나가 민중 개개인을 가리키는 도상적 의미를 갖게 되는 것이다. 이러한 의미의 전환은 또한, 삼각형의 제일 꼭대기, 즉 무등산 정상에 단독으로 배치된 "山"의 의미도 전환시킨다. 이 "山"이라는 단어는 일차적으로는 자신이 포함되어 있는 형상을 가리키지만 동시에 산 정상에서 하늘을 향해 두 팔을 벌리고 우뚝 선 한 사람의 모습을 의미하게 되는 것이다.

이러한 예들이 보여주듯, 언어를 기표에 주목하여 보게 되면 기존의 기표와 기의의 결합은 깨어지고 새로운 결합이 맺어진다. 마치 사물의 형태를 본 따 상형문자를 만드는 것처럼 글자의 형태와 유사하게 생긴 대상을 기의로 갖는 새로운 단어를 만드는 것이다. 이러한 이유 때문에 이와 같은 작품들에서는 언어의 형태적 차원에 주의를 기울이지 않고 일상의 언어를 대할 때처럼 의미에 직접적으로 다가가려고 한다면 그 의미를 파악하기 어렵다.

3. 언어의 소리를 낯설게 하기

언어의 소리를 낯설게 하는 것은 일상의 언어생활에서도 자주 발견된다. '파란 하늘' 대신 '파아란 하늘'이라고 하거나, '소주'를 '쏘주', '구리다'를 '쿠리다'라고 하는 식으로 음절수를 늘이거나 음운 규칙을 위반하여 발음함으로써 소리를 강조하는 예를 생각할 수 있다.

'감은 감인데 못 먹는 감은 영감'이나 '어부가 가장 싫어하는 가수는 배철수'와 같은, 소위 넌센스 퀴즈나 동음이의어를 활용한 말장난 도 소리를 전경화시키는 예이다. 역설적이게도 이러한 말장난들은 단어의 의미가 아니라 소리에 주목할 때만 그 뜻을 이해할 수 있다. 표어나 광고 카피, 구호 등을 만들 때 글자 수를 맞춘다거나 대구를 이루도록 하는 것 역시 소리를 전경화하는 예라고 할 수 있다. 동일한 의미를 전달하더라도 이처럼 소리를 전경화 시키게 되면 입에 잘 붙고 읽는 재미도 있으며 기억하기도 쉽다.

언어는 음악과 달라서 박자나 음정을 바꾸거나 다양한 음색을 사용할 수 없다. 물론 동일한 문장을 목소리를 크게 하거나 빠르게 말함으로써 주의를 끌 수도 있지만, 이러한 것들은 말하는 사람의 고유한 언어습관으로 여겨질 뿐이다. 더욱이 시는 문자언어로 기록되기 때문에 언어의 청각적인 차원을 낯설게 하는 방법은 훨씬 제한적이다. 그렇다고, 악보를 사용하여 다른 방식으로 읽도록 할 수도 없다.

오직 언어만을 사용하여 언어의 소리를 전경화하는 방법은 반복이다. 즉, 동일하거나 유사한 소리의 자질들을 과도하게 반복할 때 우리는 소리에 집중하게 된다. 일상의 언어에서 소리들은 불규칙하고 예측 불가능한 연쇄를 이루고 있지만, 이처럼 동일한 소리의 요소들을 반복하게 되면 질서감이 생겨나게 된다. 반복을 통한 규칙적인 질서감의 형성, 이것이 시의 음악성으로서, 운율, 리듬, 음회화, 음모방 등, 언어의 소리를 낯설게 하는 모든 기법들이 공유하는 원리라고 할 수 있다.

가. 산문과 운문

다음 두 편의 글을 비교함으로써 소리의 질서감이 어떻게 생겨나는지 보다 구체적으로 살펴보자. 우선 산문 형식으로 쓰여진 글을 보자.

[A] 그 사람은 가고 없다.① 텅 빈 거리를 혼자서 걷다가 그 사람과 자주 들리던 찻집으로 들어갔다.② 우리가 늘 앉았던 그 자리에 앉았다.③ 허전한 마음이 밀려오기 시작했다.④

위의 글은 우리가 흔히 산문을 읽을 때 그러하듯, 글의 형식이나 언어 자체에 주의를 기울이게 하기 보다는 그 내용에 주의를 기울이게 한다. 굳이 문장의 형식들을 살펴보면 4개의 문장 모두가 평서형 종결어미 '-다'로 끝나고 있음을 알아차릴 수 있지만 누구도 굳이 이러한 사실을 주목하지 않는다. 여기에 선택된 단어나 단어들의 결합은 오로지 의미의 전달이라는 목적을 위해 이루어진 것이라고 할 수 있다.

위 산문의 전반적인 내용은 유지하되 질서감이 느껴지도록 몇 가지 조작을 가한 다음 글과 위의 산문을 비교해 보자.

[B] ⓐ-그 사람은 가고 없다
ⓑ-그 사람은 가고 없다
ⓒ-그 사람은 가고 없고
ⓓ-텅 빈 거리를 혼자 걷는다
ⓔ-그 사람과 자주 가던 그 찻집
ⓕ-그 사람과 늘 앉던 그 자리
ⓖ-그 사람은 가고 없고
ⓗ-허전해진 내 마음

제일 먼저 눈에 띄는 차이는 행을 나누고 있다는 사실이다. [A]-② "나는 텅 빈 거리를 혼자서 걷다가 그 사람과 자주 들리던 찻집으로 들어갔다."를 [B]에서는 "텅 빈 거리를 혼자 걷는다"([B]-ⓓ)와 "그 사람과 자주 가던 그 찻집"([B]-ⓔ)으로 분리하여 두 개의 행으로 처리하고 있다. 특히 행의 길이를 비슷하게 만든 것을 주목해야 한다. 이러한 행 구분 때문에 우리는 모든 문장들을 읽는 데 비슷한 시간이 걸리게 된다.

이처럼 문장이 완결되지 않았는데 문장의 중간을 잘라 행갈이를 하는 것은 이 글이 시라는 장르에 속한다는 것을 알려줄 뿐 아니라 산문을 읽을 때와 다른 기대를 갖고 다른 방식으로 읽도록 우리를 이끈다. 즉, 끊어 읽어야 하는 위치를 지시함으로써 소리와 침묵의 간격을 조정하고 이를 통해 질서감을 형성하도록 한다. 의미의 단위가 낭독의 단위인 율행(律行)의 기능을 하게 되는 것이다.

그런데, 이 각각의 행은 한 번의 휴지도 없이 단번에 읽게 되지는 않는다. ⓐ~ⓓ, ⓖ, ⓗ는 <그 사람은/ 가고 없다>처럼 1회의 휴지를 두어 읽게 되는 반면, ⓔ와 ⓕ는 <그 사람과/ 자주 가던/ 그 찻집>처럼 2회의 휴지를 두어 읽게 된다. 이 휴지에 의해 끊어 읽는 단위를 음보(音步)라고 한다.

이처럼 비슷한 길이의 문장으로 행을 구성하기 위해서 [B]는 [A]의 언어 요소 일부를 생략하거나 [A]에는 없는 요소들을 삽입·반복한다. 대표적인 것이 [A]에는 한 번 밖에 등장하지 않는 "그 사람은 가고 없다"라는 문장을 [B]에서는 2회나 더 추가한 것이다. 또한 [B]의 거의 대부분 문장에 주어 "그 사람"을 추가함으로써 "그 사람"이라는 어절이 반복되도록 조정되어 있다. "그 사람"의 "그"의 반복은 다시 "그 찻집", "그 자리"의 "그"와 함께 반복이 강조된다. 삽입이나 추가만 아니라 삭제나 생략도 이루어지고 있다. [A]-②의 "혼자서"를 [B]-ⓓ에서 "혼자"라고 수정한 것이나 서술어 "들어갔다"를 [B]-ⓔ에서는 생략한 것 등이 그 예이다.

[B]에서 이루어지는 언어 요소의 추가나 생략은 의미를 명확하게 만들기 위한 것이 아니다. 오히려 불필요한 말을 더함으로써 언어의

경제성을 위협하고 필요한 말을 생략함으로써 의미의 명확성을 떨어뜨린다. 예를 들어 [B]-ⓔ와 ⓕ에서는 서술어가 생략됨으로써 화자가 추억의 찻집을 들어갔는지 들어가지 않았는지, 그 사람과 함께 앉았던 자리에 앉았는지 앉지 않았는지 모호하게 된다.

질서감을 만들어 내기 위해 반복하는 요소는 크게 소리의 종류와 발화의 지속 시간 혹은 발화 간격의 두 가지로 대별된다. 이 두 가지 요소는 독립적으로 작용하기도 하고 동시에 작용하기도 한다. 이러한 요소들의 반복은 단어나 구절 등 작품의 일부에만 나타날 수도 있고, 작품 전반에 걸쳐 일관된 흐름으로 나타날 수도 있다. 반복이 작품 전반에 걸쳐 발생하는 경우에도 그 반복이 규칙적일 수도 있고 불규칙적일 수도 있다.

[B}는 소리의 종류 및 길이라는 두 가지 요소가 동시에 질서감을 만들어 내며 이러한 질서감이 작품 전반에 걸쳐 비교적 규칙적으로 나타나는 경우이다. 이러한 질서감을 운율이라고 한다. 한편, 소리의 지속 시간이나 간격과 무관하게 특정한 성질을 지닌 소리의 반복만으로 소리가 전경화 되는 경우가 있다. 음회화와 음모방이 그렇다. 음회화와 음모방은 작품 전체에 걸쳐 지속적으로 나타나는 경우보다는 부분적으로, 규칙적이기보다는 불규칙적으로 나타나는 경우가 더 많다.

일상어에서라면 결코 권장되지 않을 이러한 방식으로 언어를 조직하는 목적은 단 하나이다. 반복을 만들기 위해서이다. 이를 두고 러시아 형식주의자들은 언어에 '조직적 폭력'을 가한다고 표현하기도 한다. 언어에 이처럼 조직적 폭력을 가함으로써 일상의 발화에서는 두드러지지 않는 소리의 질서감이 만들어지며, 이 때문에 우리는 언어의 의미 못지않게 소리에 주의를 기울이게 된다.

나. 운율

운율은 작품 전체에 걸쳐 나타나는 소리의 질서감을 설명하기 위한 개념으로서, 압운(rhyme, 押韻)과 율격(律格, meter)을 포함한다. 이 둘의 구분은 반복되는 소리의 요소가 무엇이냐에 따른 것이지만 이 둘을 구분하여 사용하는 경우는 드물다. 이는 소리로 질서감을 형성하는 요인이 복합적으로 작용하는 경우가 많다는 사실과 연관이 깊다.

1) 압운

압운이란 유사한 성질을 가진 소리가 일정한 자리에 출현함으로써 생겨나는 질서감이다. 압운은 흔히 유사한 성질의 소리가 어디에 출현하느냐에 따라 구분하는데, 우리 시에 자주 사용되는 것으로는 두운(頭韻)과 각운(脚韻)이 있다. 문장이나 단어의 첫 번째에 유사한 음이 반복됨으로써 만들어지는 압운을 두운, 문장이나 단어의 마지막에 유사한 음이 반복됨으로써 만들어지는 압운을 각운이라고 한다.

압운은 고전시가, 특히 한시에서 중요한 창작의 원리이다. 예를 들어 우리나라의 한시 절구(絕句)에서는 한 구(句)에 5개의 음절 혹은 7개의 음절로 4개의 구를 구성하되, 둘째 구와 넷째 구의 마지막 위치에는 반드시 유사한 음운을 배치해야 한다는 규칙이 있다.

그러나 현대시에서는 고전시가에서처럼 작품 전체에 걸쳐 압운이 사용되는 경우는 드물다. 동일한 음운으로 시작되는 단어들로 문장을 구성하는 경우가 있지만, 작품의 전체에 걸쳐 이러한 반복이 유지되지는 않는다. 한편, 모든 문장 마지막이 '-다'나 '-요'로 끝나는 것을 각운으로 볼 것인가 하는 문제가 있다. 한국어의 특징 상 모든 문장이 어말 어미로 끝나야 한다는 규칙 때문에 생겨나는 이러한 반복은 특별한 경우가 아니면 잘 감지되지 않기 때문이다. 또한 한 편의 글을 이루는 모든 문장이 동일한 음운으로 끝나더라도, 그 문장들의 길이가 다른 경우에는 질서감을 느끼기 어렵다.

이러한 사실은 압운의 지각에 중요한 요인이 유사한 음운의 출현 위치만으로 충분하지 않다는 것을 시사한다. 즉, 유사한 음운이 일정한 간격을 두고 나타날 때 반복의 지각가능성이 높아지는 것이다. 그런 점에서 압운은 율격과 결합할 수밖에 없다.

2) 율격

율격은 개별 소리가 아니라 소리의 지속, 즉 음량이 비슷한 간격으로 반복될 때 생겨나는 질서감을 말하는데, 반복의 단위를 글자수로 보느냐 음보로 보느냐에 따라 음수율과 음보율로 나뉜다.

시조의 율격을 3·4조라고 하거나 가사의 율격을 4·4조라고 할 때 이것이 음수율이다. 3개의 음절 씩 혹은 4개의 음절 씩 끊어 읽는 일의 반복이 율격을 인식하게 하는 것이다. 그러나 현대에 와서는 음수율보다는 음보율이 우리 시의 율격을 설명하는데 유효하다는 입장이 우세하다.

음보율은 반복되는 음량의 단위를 음보로 본다. 음보란 긴밀하게 결합되어 관습적으로 한 번에 발음하는 단어군(word groups or phrase)

을 의미한다.[33] 예를 들어 "그 사람은 가고 없다."라는 문장을 한 번에 읽지 않고 <그 사람은/ 가고 없다>라고 끊어 읽을 경우, 이처럼 한 두 개의 단어를 연달아 읽은 후 짧은 휴지를 갖게 될 때, 이 끊어 읽는 단위가 바로 음보이며 이는 대개 호흡의 단위와 일치한다.

일상적인 산문에서도 우리는 문장을 끊어 읽는다. 그러나 소리의 질서감을 늘 지각하는 것은 아니다. 이것이 음보율로 인식되기 위해서는 앞서 말한 것처럼 반복이 이루어져야 한다.

음보율을 감지하게 하는 반복은 두 가지 차원에서 생각할 수 있다. 하나는 음보를 발화하는 데 걸리는 시간의 반복이다. 이를 등장성(等長性)이라고 부르는데, 말하자면 <그 사람은/ 가고 없다>에서 제1음보와 제2음보를 발화하는 데 소요되는 시간이 일정하다는 것을 의미한다. '소리의 발걸음'이라는 비유적인 표현을 사용하자면, 일정한 보폭이 반복됨으로써 질서감이 생겨나는 것이다.

음보와 음보 간의 등장성 말고도 이 음보를 몇 개 씩 묶어 읽는가 하는 반복도 중요하다. 가령, 2개의 음보씩 끊어 읽는 일이 반복된다면 2음보격, 3개의 음보씩 끊어 읽는 일이 반복된다면 3음보격의 음보율을 갖는다고 할 수 있다. 우리 시에서는 2음보격에서부터 5음보격까지만 가능하다고 본다. 이보다 음보의 개수가 늘어나게 되면, <2음보+4음보> 또는 <3음보+3음보>로 분절하여 읽게 되어 결국은 2음보나 3음보의 중첩으로 인식된다.

음보율에서 음보를 구성하는 소리의 성질은 중요하지 않다. 전혀

33) J. Lotz, Metric Typology, *Style in Language*, T Seboek ed.(The M.I.T Press, 1960), pp.135～148. (여기서는 윤석산, 앞의 책, 400쪽에서 재인용)

다른 성질을 가진 소리들로 이루어진 단어군이라 해도 비슷한 간격으로 끊어 읽기가 반복되면 음보율로 인식될 수 있다. 동일한 보격에 변화를 가져오는 것은 오히려 하나의 음보를 이루는 음절의 수이다.

가령, 전체적으로 2음보격으로 이루어진 작품이라고 해도, 각각의 음보들이 모두 동일한 음절수로 구성되지는 않는다.[34] 그러나 음보율이라는 것은 음보들이 동일한 발화의 지속시간, 즉 등장성을 갖는다는 것을 의미하기 때문에 어떤 음보를 이루는 음절수가 많다면 빨리 읽고, 음절수가 적으면 천천히 읽는 방식으로 음보 간의 등장성을 유지하게 된다. 다만, 음절수가 지나치게 많은 경우에는 별개의 음보로 분리하여 읽게 되고, 음절수가 지나치게 적을 경우에는 두 세 개의 단어라도 하나의 음보로 읽게 된다. 이러한 방식으로 음보율은 규칙적인 질서 내에서 변주와 변화를 확보할 수 있다.

3) 정형률과 자유율

작품 전체의 음보가 동일한 음보격으로 구성되어 있는 경우, 그리고 각 음보를 이루는 음절수가 규칙적일수록 율격은 정형화된다. 전체 작품에 걸쳐 4음보씩 끊어 읽는 것이 반복되고, 각각의 음보가 3~5개의 음절로 이루어져 있는 시조의 4음보격이 그러한 예에 해당한다.

---

34) 우리 시에서 보격의 유형은 각 음보의 기준 음절수를 <N>이라고 할 때, 율행 안에 채택된 음보의 음절수가 모두 <N±1>의 범주에 들도록 조정된 보격과 어느 한 음보의 음절수가 특별히 많은 음보로 짜여진 유형으로 나누어진다. 성기옥은 전자를 <동량 보격(同量步格)>, 후자를 <층량 보격(層量步格)>이라고 명명하고, 조동일은 층량 보격을 마지막 음보의 음절량이 많은 것을 염두에 두고 '뒤가 무거운 음보'라고 부르고, 오세영은 '후장(後長) 음보'라고 부른다. 그리고, 조창환은 보격 대신 마디라는 용어를 쓴다. (윤석산, 앞의 책, 403쪽.)

그러나 현대시에서는 이처럼 정형화된 율격은 거의 찾아보기 어렵다. 한 편의 작품에서 다양한 음보격을 함께 사용하기도 하고, 각 음보의 음절수도 일률적이지 않다. 더 심한 경우는 끊어 읽기 단위들이 음보로 지각되지 않거나, 오히려 우리의 호흡의 단위와 전혀 어울리지 않게 구성되기도 한다. 현대시의 이러한 운율을 내재율이라고 부른다.

시의 율격이 정형률에서 내재율로 변화하게 된 것은 시가 더 이상 소리 내어 낭송하거나 노래하는 방식으로 향유되지 않게 된 것과 연관이 있다. 고전시가와 달리 개인을 핵심으로 하는 현대시는 시의 언어적 발화 또한 개성의 표현이 되어야 할 것을 강조한다. 따라서 시어들을 발화할 때 나는 소리의 흐름 역시 정해진 규칙을 따르는 것이 아니라 그 시를 표현하는 바로 그 사람의 호흡을 따라야 하며, 개개인의 '호흡'이 다른 만큼 시의 호흡도 달라지는 것이 당연하다고 본다. 이와 같은 '호흡률'을 강조하는 순간 '자유시', 즉 현대시가 탄생한다.[35]

호흡률을 주장한 김억은 호흡이 단순히 들이쉬고 내쉬는 물리적인 것만을 뜻하지 않으며, 일종의 영혼의 흐름이자 생명의 흐름이라고 주장한다. 말하자면 현대시의 내재율은 단순히 소리의 문제가 아니라 심리적·정서적 흐름의 문제가 된 것이다. 실제로 현대시에 이르러 운율은 작품이 전달하는 의미 및 정서, 분위기에 조응하고, 이들을 더욱 선명하게 강화시키는 데에 기여한다. 그런 점에서 현대시의 율격을 지배하는 내재율은 언어의 소리와 의미, 형식과 내용 간의 유기적 결합을 추구하는 동일성의 세계관이 구현되는 한 방식이라고 할 수 있다. 언

35) 김억, 「시형의 음률과 호흡」, 《태서문예신보》 제 14호, 1919. 1. 13.

어의 소리 차원뿐 아니라 심리적 차원까지 가세하여 만들어내는 이러한 내재율은 소리의 차원에 국한되서 생겨나는 질서감, 즉 운율과 구분할 필요가 있다. 이것이 리듬이라는 개념이 필요한 이유이다.

4. 언어의 종합적 효과로서의 리듬

가. 리듬의 정의

리듬(rhythm)이 '흐른다'는 뜻의 동사 'rhein'을 어원으로 하는 그리스어 'rhythmos'에서 유래했다는 사실은, 리듬이 여러 요소들의 지속과 변화가 만들어내는 연속성을 특징으로 한다는 점을 시사한다. 플라톤 또한 리듬을 '운동의 질서'라고 정의했는데, 이 역시 리듬에 중요한 것이 반복의 지속과 변화임을 말해준다. 즉, 리듬이란 어떤 요소들이 일정하게 지속되면서 유사한 변화를 반복할 때 생겨나는 흐름이라고 할 수 있다. 변화가 없으면 리듬은 생겨나지 않으며, 변화를 위해서는 지속이 전제되어야 한다. 또한 반복의 지속과 변화가 단 한 번에 그친다면 리듬은 생겨나지 않는다.

리듬은 멜로디 및 화성과 더불어 음악의 3대 요소로 알려져 있지만, 위의 정의에 따르면 리듬은 음악, 즉 소리하고만 관련되는 것은 아니다. 파도가 밀려왔다 밀려가는 모습이라든지, 화장실 타일이 만들어내는 무늬 같은 시각적인 것에서도 변화와 지속, 반복을 볼 수 있기 때문이다. 바이오리듬이나 생애주기처럼 직접적으로 감각할 수 없는 것,

계절의 흐름이나 달의 변화 같은 자연의 운동에서도 일련의 지속과 변화가 반복되는 것을 감지한다.

소설을 읽거나 영화를 볼 때에도 우리는 리듬을 감지한다. 각기 다르지만 어딘지 모르게 비슷한 인물들이나 공간들, 그리고 비슷한 사건들의 반복이 있다. 또한 등장인물이 위기에 처하고 이를 극복하는 패턴의 반복과, 이로 인해 우리가 겪는 긴장과 이완 같은 심리적인 반응의 반복도 있다. 전자가 구조의 반복이 만들어 내는 질서감이라면 후자는 심리적 반응의 반복이 만들어 내는 질서감으로서, 모두 리듬이라고 할 수 있다..

이러한 예들은 리듬이 청각적 자극뿐만 아니라 시각적인 자극을 포함한 생리적 작용, 그리고 심리적이고 정신적인 작용과 조응하며 형성된다는 것을 시사한다. 시의 경우에도 마찬가지이다. 운율이 만들어 내는 소리의 질서감을 포함하여 의미의 구조, 이미지의 반복 등도 리듬을 형성하는 요인이 된다. 따라서 리듬은 소리로 인해 생겨나는 운율보다 포괄적인 개념이라고 할 수 있다.

나. 리듬의 발생 원리

현대시의 리듬은 규칙적이거나 일률적이지 않은 반복을 통해 유연한 질서감을 만들어 낸다. 또한 의미론적 층위와 정서적 층위까지 리듬을 발생시키는 데 협력한다. 때문에 문면에 시각적으로 나타나는 문장들의 길이나 배치 같은 것을 눈으로 보아서는 알 수 없으며 실제로 시를 읽어야만 파악할 수 있다. 그런 점에서 리듬은 보다 심리적인 것이라고 할 수 있다.

이와 같은 이유 때문에 동일한 시라도 독자마다 다르게 리듬을 지각할 수 있다. 리듬은 은밀하게 내재되어 있으며, 독자마다 호흡 간격도 다르고 끊어 읽기의 습관도 다르기 때문이다. 그렇다고 독자마다 전혀 다른 리듬을 감지하는 것은 아니다. 여기에는 여러 가지 이유가 있다. 가장 기본적인 차원에서 보자면, 시라는 장르를 읽고 있다는 자각은 독자로 하여금 산문과는 다른 운율이나 리듬을 기대하게 만들면서 개인적인 읽기의 습관에 영향을 미치게 된다. 또한 띄어쓰기나 문장 부호 등에 의해 어디에서 끊어 읽어야 하며 어디를 붙여 읽어야 하는지가 어느 정도 정해져 있다는 점, 한 번에 읽을 수 있는 음량의 범위도 비교적 한정적이라는 점 등을 들 수 있다.

특히, 리듬에 대한 기대는 독자가 리듬을 감지하도록 하는 중요한 심리적인 기제이다. 리듬은 초기에 인지한 반복이 이후에도 계속 나타나리라는 기대감(anticipation)이 충족 또는 실패하는 경험이 쌓여 발생하기 때문이다.[36] 즉, 작품을 읽는 초기에 반복을 인지했다면 이후에도 이러한 반복의 틀을 적용하려는 경향이 강하게 작용하는 것이다. 이러한 이유 때문에 모든 독자들이 동일한 작품에 대해 완전히 동일한 리듬을 감지하는 것은 아니지만 그렇다고 완전히 제각각의 리듬을 체험하는 것도 아니다.

현대시에서 리듬을 만드는 요소는 매우 종합적이며 다양하다. 우선, 동일하거나 유사한 음운이나 음량 등 언어의 청각적 자질들이 반복되

36) I. A. 리처즈, 이선주 역, 『문학비평의 원리』, 동인, 2005, 145쪽.

며 만들어지는 리듬이 있다. 이러한 반복이 비교적 규칙적으로 작품 전체에 걸쳐 지속되는 것이 운율이다. 이와 비교하여 반복이 부분적으로, 그리고 불규칙적으로 출현하는 경우가 있다. 이것을 음회화나 음모방이라고 하는데, 이는 특히 유사한 성질을 지닌 음운의 반복이 의미와 조응하며 만들어 내는 리듬을 의미한다. 뿐만 아니라 유사한 이미지나 유사한 의미 단위처럼 소리와 무관한 자질의 반복 또한 리듬을 형성하는 중요한 자질이다.

이처럼 리듬은 소리에 국한되어 발생하는 것이 아니라 소리와 의미, 기표와 기의가 긴밀히 조응하며 작품 전체를 관통할 때 만들어지는 매우 중층적이고도 복합적인 효과라고 할 수 있다. 또한 리듬이 형식과 내용, 언어와 정서, 독자와 시인이 유기적으로 협력하며 만들어 내는 종합적인 효과라는 점에서 리듬은 발화의 주인으로 가정되는 화자, 그리고 화자의 태도와도 무관하지 않다. 가령, 어떤 작품의 리듬을 화자의 정서나 심리적 흐름과 연관지어 해석할 수 있다. 이러한 특징들이 어떠한 화제든, 혹은 어떠한 화자가 어떠한 태도로 발화하든 상관없이 정해진 율격을 따라야 하는 정형률과 리듬의 차이라고 할 수 있다.

따라서 시에서 리듬은 작품의 의미 및 주제와의 상관성 하에서만 파악될 수 있으며, 그래야 한다. 이제 운율 및 리듬에 대한 개념들을 활용하여 어떠한 방식으로 형식과 내용, 소리와 의미가 종합적으로 리듬을 형성하는지 구체적인 작품의 분석을 통해 살펴보자.

다. 음운의 반복과 효과: 음모방과 음회화

동일하거나 유사한 음운이 반복될 때 우리는 그 음운에 주의를 기울이게 된다. 음운이란 '곰'과 '봄'의 초성 'ㄱ'과 'ㅂ'처럼, 그 자체로서는 의미를 갖지 않지만 의미 차이를 가져오는 가장 작은 단위를 말한다.

음운은 다시 모음이나 자음처럼 분절될 수 있는 분절 음운과 소리의 길이나 억양처럼 분절될 수 없는 비분절적 음운으로 구분되는데, 인간이 낼 수 있는 소리 가운데 어떤 소리를 음운으로 인정하는가, 즉 의미의 차이를 가져오는 소리의 단위를 무엇으로 정하는가는 언어마다 다르다. 언어마다 분절음인 모음과 자음의 수가 다른 것은 이 때문이다.

비분절적 음운 가운데서 의미 차이를 가져오는 것으로 우리말과 관련이 있는 것은 소리의 길고 짧음, 즉 장단(長短)뿐이다. 예를 들어, 동일한 분절 음운으로 이루어진 '말'이나 '눈'은 이 단어를 길게 발음하느냐 짧게 발음하느냐에 따라 다른 의미를 갖는다. 우리말과 달리 중국어에서는 음운의 높낮이, 즉 성조의 차이가, 영어에서는 강세의 차이가 비분절 음운으로 인식된다.

유사한 성질을 지니는 분절 반복은 우리의 주의를 언어의 소리에 돌리게 하는 가장 기본적인 방법이다. 완전히 동일한 음운이 아니더라도 동일한 조음방법이나 조음위치에 의해 발화되는 소리가 반복된다면 이도 동일한 음운이 반복되는 것과 같은 효과로 지각한다.[37]

37) 분절음운은 소리를 낼 때 공기가 장애를 받는 자음과 장애를 받지 않는 모음으로 크게 구분되며, 자음은 소리 내는 위치에 따라, 소리 내는 방법에 따라, 그리고 소리의 세기에 따라 구분되며, 모음의 경우에도 혀의 위치나 입술 모양에 따라 구분된다.

동일한 음운이 동일한 위치, 혹은 동일한 간격으로 반복되면 정형적인 압운이 형성된다. 그러나 현대시에서 이런 경우는 드물다. 더 자주 발견되는 것은 동일한 음운이 불규칙적으로, 그리고 부분적으로 반복되는 경우이다. 이런 경우는 반복이 규칙적이지는 않더라도 충분히 인지가능한 정도로 자주 발생되어야 하며, 특히 작품의 의미와 연관될 때 더 효과가 높다. 다음 작품은 이를 보여주는 좋은 예이다.

> 찰방찰방 물을 넣고 간들간들 어린모를 넣고 바글바글 올챙이 우렁이 소금쟁이 물거미 미꾸라지 풀뱀을 넣고 온갖 잡초를 넣고 푸드덕, 물닭이며 논병아리며 뜸부기 알을 넣고 햇빛과 바람도 열댓 마씩 너울너울 끊어 넣고 무뚝뚝이 아버지를 넣고 올망졸망 식구들을 넣고 온 동네 사람들까지 복닥복닥 밀어 넣고
>
> - 이덕규,「논두렁」에서

위의 작품에서 우리는 모내기철의 분주함과 활기참을 생생하게 떠올릴 수 있다. 일단은 이시에 사용된 어휘들이 그와 같은 의미를 지시하기 때문에 생동감으로 가득 찬 모내기철 논 풍경을 연상하게 된다.

그러나, 이런 이미지와 분위기는 단순히 시에 사용된 언어들의 기의 때문에 생겨나는 것은 아니다. 이는 이 작품의 소리가 사용되는 방식에 의해 더욱 강화된다. 이 작품에서 두드러지는 것은 의성어와 의태어의 반복적인 출현이다. 우선 '푸드덕"이나 "찰방찰방", "후르륵", "꿀떡꿀떡" 같은 의성어들이 있다. 실제의 소리를 직접 모방한 의성어는 그 자체로 소리를 전경화시킨다. 이러한 이유 때문에 의성어를 음모방이라고도 부른다.

위의 작품에는 의성어만 사용된 게 아니다. 사물이나 인간의 태도, 행동, 모양을 묘사하는 의태어도 의성어만큼이나 빈번하게 등장한다. 어떤 사물들이 복잡하고 빽빽하게 들어차 있는 모습을 의미하는 "바글바글", "복닥복닥"은 분주하고 활기찬 모습을 표현하는 이 작품 전체의 의미론적 맥락에 적합하다.

그러나 이 맥락에서 주목할 것은 사물들이 복잡하고 빽빽하게 들어차 있는 모습을 묘사하는 것과 직접적으로 연관이 없는 의태어나 의성어들도 무엇인가 밀집되어 분주한 모습을 환기하는데 기여한다는 사실이다. 이를 테면 "간들간들"이나 "너울너울" 같은 의태어, "푸드덕"이나 "찰방찰방" 같은 의성어들은 개별적으로 사용되었을 때는 복잡하고 분주한 장면을 연상시키지 않는다. 그러나 이 작품에서는 이들 의성어와 의태어가 이러한 장면을 떠올리는 데 영향을 미친다. 이는 이들 의성어와 의태어의 반복으로 인해 유사한 음운이 반복된다는 사실과 연관된다.

의성어나 의태어는 대부분 동일한 단어를 반복적으로 결합하여 만들어진 첩어(疊語)이다. 이 말은 곧 동일한 성질을 지니는 음운들이 반복된다는 것을 의미한다. 따라서 첩어로 이루어진 의성어나 의태어는 그 의미가 어떻든 간에 2음절 단위로 동일한 음운의 연속적인 교체가 빠르게 반복된다는 공통점을 갖는다. 동일한 음운의 교체가 지속적으로, 그리고 빠르게 반복되기 때문에 의성어나 의태어가 사용되면 그 의성어나 의태어가 본래 갖고 있던 의미와 상관없이 분주하고 역동적인 느낌을 불러일으킨다. 위의 작품이 그러한 예이다.

특히, 이 작품에 사용된 첩어들의 상당수는 양성모음 [a], [o]와 유음 [r]과 [l], 연구개 비음 [ŋ]을 포함하고 있다. 양성모음은 흔히 밝고 단단하며 작은 느낌을 주며, 유음은 흐르는 느낌을, 연구개 비음 [ŋ]은 둥글고 가득 찬 느낌을 주는 것으로 여겨진다.[38] 개별 음운의 성질은 다르지만 이 음운들은 조음방법, 조음기관의 형태나 조음위치, 공기의 흐름 등에 있어 공통점을 갖고 있는 것이다. 때문에 이들이 반복되면서 전체적으로 밝고 경쾌하며 역동적인 움직임을 환기시키게 된다.

이처럼 음운을 통해 어떤 장면을 시각적으로 환기시키는 것을 음회화라고 하는데, 이는 음운의 조어방법, 조어기관의 형태나 조음점, 공기의 흐름 등에 의해 생겨나는 각기 다른 음운들이 특정한 이미지나 의미를 연상시키기 때문에 가능한 것이다. 물론 개별 음운 그 자체는 본래 의미를 갖지 않는다. 그러나 반복을 통해 전경화되는 음운은 분위기나 정조 같이 비개념적인 의미를 환기시킬 수 있다.

이를 입증하는 사례로 사피어의 mal-mil 실험이 있다.[39] 큰 물건과 작은 물건 한 쌍을 제시하고 사람들에게 이를 mal과 mil처럼 아무런 의미도 갖지 않는 단어 두 개와 결합시키라는 실험을 하면, 80%가 큰 사물과 mal을 연관시킨다고 한다. 즉, [a]를 [i]보다 크고 넓은 의미와 연관짓는 경향이 높다는 것이다. 이러한 종류의 실험은 음운 자체만으로도 크기, 강약, 원근, 역동성, 밀도 등과 같은 의미나 뉘앙스를 환기시킬 수 있다는 점을 시사한다.

---

38) 그 외에도, 음성모음은 어둡고 거칠며 큰 느낌을 주고, 자음의 경우, 경음과 격음은 강하고 예리한 느낌을, 파열음과 마찰음과 파찰음은 거칠고 둔탁하고 부딪히는 느낌을 준다. 또 어말에 있는 [-m]은 넓고 평평한 느낌을, [-n]은 가벼운 느낌을 주며, [r]과 [l] 같은 유음은 흐르는 느낌을, [s], [ʦ] 같은 치음은 섬세하고 가볍게 부딪히는 느낌을 준다.(윤석산, 앞의 책, 331~332쪽에서 참고.)

39) 채완, 「국어 음성상징론의 몇 문제」, 『국어학』 16, 국어학회, 1987, 279~280쪽.

이와 같은 소리의 활용은 단어의 의미들이 만들어 내는 시각적 이미지보다 훨씬 더 즉각적이고 직접적으로 우리의 감각적 반응을 불러일으킨다. 그러나 특정한 음운과 이미지 혹은 뉘앙스의 결합은 한 두 번만 등장해서는 이루어지지 않는다. 이 작품에서처럼 과도할 정도로 유사한 음운이 반복적으로 등장하고, 그것이 또 작품의 의미와 유기적으로 작용하는 경우에만 소리로부터 이미지나 뉘앙스를 환기할 수 있다.

라. 기표와 기의의 종합적 효과로서의 리듬

1) 의미와 통사 구조의 반복

리듬은 언어의 소리와 의미가 조응하며 만들어 내는 하나의 심리적 효과이다. 따라서 형식과 내용이 유기적으로 작용하여 발생하는 결과라고 할 수 있다. 다음 작품을 리듬에 초점을 맞추어 분석하며 이러한 사실을 구체적으로 살펴보자.

> 너도 아니고 그도 아니고, 아무 것도 아니고 아무 것도 아니라는데……
> 꽃인 듯 눈물인 듯 어쩌면 이야기인 듯 누가 그런 얼굴을 하고,
> 간다 지나간다. 환한 햇빛 속을 손을 흔들며……
> 아무 것도 아니고 아무 것도 아니고 아무 것도 아니라는데, 온통 풀냄새를 널어놓고 복사꽃을 울려놓고 복사꽃을 울려만 놓고,
> 환한 햇빛 속을 꽃인 듯 눈물인 듯 어쩌면 이야기인 듯 누가 그런 얼굴을 하고……
>
> \- 김춘수,「서풍부(西風賦)」전문

독자마다 읽는 속도나 끊어 읽는 방식이 다르기 때문에 완전히 동일한 리듬을 감지하는 것은 아니지만 어떤 일관된 질서감을 감지할 수 있는 작품이다. 처음부터 끝까지 하나의 선으로 이어지는 유연한 흐름은 규칙적이지 않으나 마치 바람이 계속해서 불어오는 것 같이 유동적이다. 이것이 바로 이 작품의 리듬이라고 할 수 있으며, 시의 의미와 소리가 조응하며 만들어내는 전체적인 효과이다.

그렇다면 이 작품의 어떠한 요인들이 이러한 리듬을 감지하게 만드는 것일까? 가장 먼저 떠올릴 수 있는 것은 작품의 의미론적인 측면이다. 먼저 제목이 있다. '서풍의 노래'라는 뜻의 제목은 이 작품이 '바람'에 관한 것임을 알려준다. 그렇기 때문에 유장하며 곡선적인 수평의 움직임을 환기할 수 있다. 그러나, 의미론적 차원에서 보아도 이러한 움직임의 주체가 무엇인지는 알 수 없다. 이 역시 이 작품에 사용된 어휘들의 의미와 연관된다. 즉, "아니다"와 "누가", "아무", "그런" 같이 부정(不定)의 의미를 지니는 시어들이 계속 반복되기 때문에 무엇이 움직이고 어떻게 움직이고 있는지를 선명하게 떠올리기는 어렵다.

그러나 바람에 대한 작품이라고 해서 모두 이와 같은 흐름을 환기시키는 것은 아니다. 바람에 대한 작품 중에서도 어떤 작품에서는 아무런 율동감을 느끼지 못할 수도 있고, 이보다 더 격렬한 흐름을 느낄 수도 있다. 또한, 한국어를 이해하지 못하는 외국인에게 「서풍부」를 읽어주더라도 시에서 부드럽게 이어지는 하나의 흐름을 느낄 수 있을 것이다. 우리 역시 작품의 구체적인 의미나 장면을 떠올리기 전, 이 작품을 소리내 읽는 단계에서 이미 이런 느낌을 받을 수 있다. 요컨대, 우리가 작품에서 감지하는 전체적인 리듬은 단순히 작품의 주제나 의미에 의해 생겨나는 것이 아니다. 리듬은 의도적으로 시어를 선택하고 이를 배열하는 '조직적 폭력'을 통해 소리가 의미와 조응하며 형성되는 것이다.

여기에서 중요한 것은 역시 반복이다. 우선 유사한 통사 구문의 반복이 있다. "~도 아니고", "~인 듯", "~도 아니고", "~을 울려놓고" 같은 구문의 반복과 "~도 아니라는데", "~을 울려만 놓고" 등의 변주가 작품 전반에 걸쳐 반복된다.

이들 통사 구문의 반복은 통사 구문의 추상물이라고 할 수 있는 통사 구조의 반복을 수반한다. 이 작품을 이루는 모든 문장들은 대부분 <주어+서술어>나 <목적어+서술어>와 같이 부속성분 없이 주성분만으로 이루어진 문장, 즉 홑문장의 구조를 취하고 있으며, 이 개별적인 문장들은 다시 "~고"와 같은 대등적 연결어미에 의해 이어진 문장의 형식으로 반복이 되고 있다. 특히, 이 이어진 문장들은 "간다 지나간다"를 제외하고는 모두 종결어미가 생략되어 있다. 이러한 구문상의 특징 자체가 끝없이 이어지는 느낌을 갖게 한다.

유사한 통사 구문의 반복은 유사한 단어의 반복을, 유사한 단어의 반복은 유사한 음운의 반복을 필연적으로 수반한다. 예를 들어, 개별 음운으로는 "아니-"와 "아무"의 [a]가, 음운의 연쇄로는 "아무"의 [au]나 "아니고"의 [a-i-o]와 같은 개방형 모음들의 반복이 두드러진다. 이와 같은 단모음의 연쇄와 받침이 없는 음절의 반복은 막힘없이 개방되어 흐르는 느낌을 형성하는 데 기여한다.

2) 음보의 반복과 변주

통사 구문의 특징은 음보와 밀접한 관련이 있다. 통사 단위로 끊어 읽게 되기 때문이다. 시의 경우에는 행의 구분도 끊어 읽기에 영향을 준다. 따라서 특정한 통사 구문과 구조의 반복이 두드러지는 「서풍부」에서는 음보의 반복 또한 직접적으로 감지된다. 이를 테면, 첫 번째 끊어 읽기의 단위, 즉 율행은 "너도 아니고 그도 아니고, 아무 것도 아니고 아무 것도 아니라는데"인데, 이는 <주어+서술어>라는 동일한 구조의 통사 구문이 연달아 4회 반복되면서 4음보격을 이룬다. 이어지는 "꽃인 듯 눈물인 듯 어쩌면 이야기인 듯" 역시 첫 번째 문장과 길이는 다르지만 4음보격으로 읽게 된다.

여기에는 두 가지 요인이 있다. 하나는 앞서 언급한 규칙적 반복에 대한 기대라는 시 장르의 관습이다. 즉, 첫 번째 율행이 비교적 안정적으로 4음보의 반복으로 읽혔기 때문에 이어지는 율행도 그렇게 읽히리라고 기대하며 읽게 되는 것이다. 더구나 두 번째 문장 역시 "~인 듯"이 연쇄적으로 이어진 문장이다. 실제 통사 구조 상으로는 첫 번째 율행의 통사 구조와 상이하지만, 이어진 문장이라는 점에서는 공통점을 갖는다. 이러한 이유 때문에 두 번째 율행도 첫 번째 율행과 마찬가지로 4음보로 조직하여 읽게 되는 것이다.

이처럼 최초에 형성된 음보율은 이후의 행을 읽을 때도 동일한 음보율로 읽게 추동한다. 즉, 등장성을 갖춘 음보를 만들며 읽게 되는 것이다. 그 결과 「서풍부」는 개인마다 차이는 있겠지만 대략 같은 음보격의 결합을 갖는 것으로 분석될 수 있다.

구절	제1음보	제2음보	제3음보	제4음보
①	너도 아니고	그도 아니고	아무 것도 아니고	아무것도 아니라는데
②	꽃인 듯	눈물인 듯	어쩌면	이야기인 듯
③-1	누가	그런 얼굴을 하고		
③-2	누가	그런	얼굴을 하고	
③-3	누가	그런	얼굴을	하고
④	간다	지나간다	환한 햇빛 속을	손을 흔들며
⑤	아무 것도 아니고	아무 것도 아니고	아무 것도 아니라는데	
⑥-1	온통	풀냄새를 널어놓고		
⑥-2	온통	풀냄새를	널어놓고	
⑦	복사꽃을	울려놓고	복사꽃을	울려만 놓고
⑧	환한	햇빛 속을		
⑨	꽃인 듯	눈물인 듯	어쩌면	이야기인듯
⑩	누가	그런 얼굴을 하고		

위의 표는 「서풍부」의 리듬이 4음보격을 주조로 하되 3음보격의 일탈과 2음보격의 변주로 이루어져 있음을 보여준다. ①과 ②처럼 2음보가 연달이 등장하며 대구를 이루면 4음보격이 되지만, 대구할 쌍이 없는 경우에는 ⑧이나 ⑩처럼 2음보로 읽힌다. 즉, 「서풍부」는 처음부터 끝까지 단 하나의 음보율이 기계적으로 반복되는 것이 아니라 기본형을 유지하면서 다양한 음보가 변주되는 리듬을 갖고 있다고 할 수 있다. 이와 같은 특징은 정형적인 율격에서 찾아볼 수 없는 것으로서, 일정한 규칙성을 통해 질서감을 만들어 내면서도 동시에 역동적이고 자유로운 느낌을 갖게 한다. 또한 ③이나 ⑥, ⑩처럼 어떤 한 가지 음보격으로 확정짓기 어려운 구절들은 긴장감과 망설임을 선사함으로써 이 시의 리듬을 더욱 풍부하게 만든다.

다양한 음보격의 결합은 각각의 음보격이 갖고 있는 본래의 효과를 결합하여 새로운 효과를 창출한다. 예를 들어 가사나 시조의 율격인 4음보는 일반적으로 2개의 음보씩 짝을 이루기 때문에 안정적이며 차분한 느낌을 준다. 따라서 4음보를 주된 반복의 단위로 하는 「서풍부」 역시 안정적이고 차분한 느낌을 환기해야 한다. 그러나 이 작품에서는 유장하긴 하지만 안정적이거나 차분한 느낌을 받기는 어렵다. 그보다는 끊임없이 유동하는 느낌이 강하다.

이는 일차적으로는 2음보격과 3음보격의 변주가 있기 때문이다. 대응하는 짝을 갖는 2음보격은 빠른 휴지의 연속적인 등장으로 인해 역동적이며 도약적인 느낌을 준다.[40] 또한 대응되는 짝이 없는 3음보격은 긴 주기를 빠른 호흡으로 진행하면서 율동적 긴박감을 조성하는[41] 것으로 알려져 있다. 따라서 역동적이며 도약적인 느낌을 주는 2음보격의 연속과 유장하며 안정적인 느낌을 주는 4음보격, 그리고 율동적인 긴박감을 주는 3음보격이 함께 사용되어 작품 전체적으로 유동적이며 끊임없이 흐르는 느낌이 환기되는 것이라고 할 수 있다.

3) 가속과 감속의 반복

이 작품에서 리듬의 역동성을 한층 강화시키는 것은 하나의 음보를 읽을 때 소요되는 속도의 가변성이다. 앞서, 발화하는 데 걸리는 시간이 동일한 단위, 즉, 등장성을 갖는 단위를 음보라고 했다. 「서풍부」는 다양한 음보격이 사용되었지만, 음보들은 등장성을 갖고 있기 때문에

40) 윤석산, 앞의 책, 416~418쪽.

41) 성기옥, 『한국시가율격의 이론』, 새문사, 1986, 187쪽.

기본적으로는 통합되는 인상을 준다.

그러나 하나의 음보를 구성하는 음절의 수는 일정하지 않다. 동일한 시간 동안 다른 개수의 음절을 발화하려면 발화 속도를 달리하는 수밖에 없다. 즉, 음절수가 많아지면 발화의 속도를 빠르게 음절수가 적어지면 발화의 속도를 느리게 함으로써 음보 간의 등장성을 유지하는 것이다. 음보의 등장성과 음절수의 상관성에 따라 달라지는 발화 속도의 변화를 그래프로 나타내면 다음과 같다.

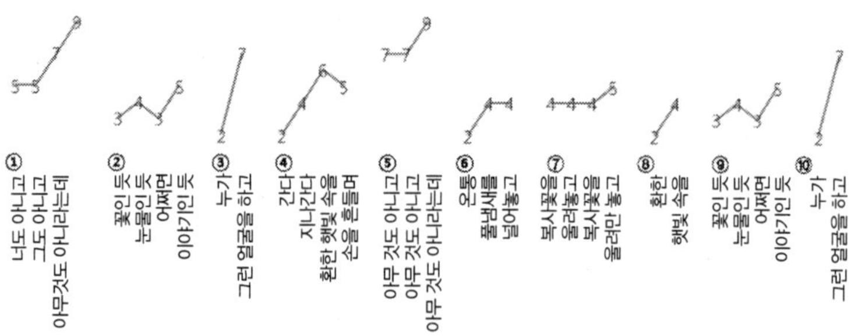

위의 그래프에서 우리는 또 다른 패턴, 즉 반복을 확인할 수 있다. 각각의 음보를 이루는 음절수가 ①의 경우 <5/5/7/9>, ②의 경우 <3/4/3/5>, ③의 경우 <2/7>처럼, 제1음보에서 뒤의 음보로 갈수록 많아지는 경향이 그것이다. 이는 「서풍부」의 대부분의 음보에 동일하게 나타나는 바, 그것이 어떤 음보격이냐와 무관하게 마지막 음보로 갈수록 발화 속도가 빨라지는 현상이 반복된다. 음악의 용어로 말하자면 'accelerando(점점 빠르게)'가 반복되고 있는 것이다. 이러한 가속의 반복은 미미하게 불어왔다 강해지는 바람, 혹은 서서히 밀려왔다가 도로 밀려가는 파도의 움직임을 연상시킨다.

유일하게 이러한 규칙성을 깨뜨리는 부분이 두 군데가 있다. ④와 ⑥이다. 4음보격으로 이루어진 ④는 그 음절수가 <2/4/6/5>로, 그 행의 마지막에 이르러 발화의 속도가 느려진다. 그리고 3음보격로 이루어진 ⑥은 <2/4/4>로 속도가 안정되게 유지되면서 마무리 된다. 흥미롭게도 이 두 개의 변주 사이에는 이 작품 전체에서 가장 빠른 속도로 발화되어야 하는 ⑤가 있다.

⑤는 4음보격 및 그와 친연성을 이루는 2음보격이 반복되다가 처음으로 이질적인 3음보격이 등장하는 부분이다. 이 음보의 그래프가 상단에 위치하고 있는 것이 보여주듯, 이 음보는 또한 <7/7/8>개의 음절로 이루어져서 다른 음보들보다 발화 속도가 현저하게 빠르다. ⑤에 이르러 나타나는 이러한 음보격의 전환과 발화 속도의 변화는 다른 행들보다 완만한 발화 속도를 유지하는 음보(⑥, ⑦)가 바로 뒤에 이어지면서 더욱 강조된다.

더욱 흥미로운 것은 여러 모로 다른 율행들과 구별되는 ⑤의 위치가 작품의 정확히 중간지점, 의미 상으로 절정에 해당하는 부분에 등장한다는 점이다. 즉, ①의 마지막 음보에 등장했던 "아무 것도 아니라는데"를 3차례나 반복함으로써 이별과 상실에 대한 부정과 부인, 모호함의 감정이 최고조에 도달하고 있는 것이다. 다른 부분보다 현저하게 빠른 발화 속도는 이러한 감정에 잘 어울린다.

가속의 반복 패턴에 있어 ④와 ⑥이 보이는 일탈을 이와 연관지어 설명할 수 있다. 우선, 다른 음보들과 달리 완만하게 느려지며 마무리 되는 ④의 일탈은 바로 뒤이어 올 클라이맥스(⑤)를 예고하는 긴장감을 조성한다. 최고조에 이른 ⑤의 마지막 음보는 2음절로 이루어진 ⑥

의 첫 번째 음보로 이어지면서 급격한 속도의 낙차가 발생하는데, 이는 바로 직전의 감정의 폭발을 급하게 차단하는 듯한 인상을 준다. 마치 터져버린 감정을 황급히 삼키는 것처럼 말이다. 이런 맥락에서 ⑥에서 ⑦로 이어지는 완만한 속도는 이러한 감정의 잦아듦으로 볼 수 있다. 그러나 결국 이 감정은 잦아들지 않는다. 작품의 마지막 부분인 ⑧~⑩은 이 작품의 첫 부분에 해당하는 ①~③의 속도를 다시 반복하면서 이 흐름이 지속될 것이라는 여운을 남긴다.

따라서 「서풍부」에는 이중의 리듬이 있다. 하나는 개별 율행들이 만들어내는 가속의 반복이다. 느리게 시작해서 점점 빨라지는 음보격들의 반복은 다시 전체를 관통하는 하나의 흐름을 만든다. 이 흐름은 점점 최고 속도를 향해 치달아가다가 서서히 소강할 듯 우리를 안심시킨다. 그러다가 결국에는 이러한 기대를 배반하고 다시 최고의 속도로 갑작스레 마무리된다.

이러한 이중의 리듬은 떠나는 대상에 대한 화자의 정서적 반응을 감각화한 것으로 볼 수 있다. 쉬지 않고 불어오는 바람처럼, 부재하는 대상에 대한 그리움과 상실감은 잠재우려고 해도 결코 수그러들지 않고 계속 밀려든다. 감정의 자제와 자제의 실패가 반복될수록 감정은 점차 고조되어 결국에는 폭발해 버리고 만다. 이 격렬한 폭발 때문에 오히려 허무와 아쉬움은 깊은 여운을 남긴다.

「서풍부」의 리듬을 이처럼 그리움과 상실감이라는 정서의 리듬으로 해석하는 것은 물론 이 작품의 주제나 화자의 태도 같은 의미를 참조했기 때문에 가능하다. 그러나 이와 동시에 유사한 소리의 반복, 음보의 반복, 그리고 유사한 속도 패턴의 반복 같이 언어의 소리 차원에 가해진 조직적 폭력이 그리움과 상실감이라는 추상적인 정서를 보다 특수하고 구체적인 것으로 만든다고 말할 수 있다. 말하자면 리듬은 단순히 소리를 낯설게 만드는 기법이 아니라 작품의 전체 의미와 정서를 구체화시키는 핵심적인 요소이자 그 결과인 것이다.

용어 색인

2

2음보격 179, 180, 194, 195

3

3음보격 179, 195, 197

4

4음보격 179, 180, 193, 195, 197

M

mal-mil 실험 189

ㄱ

가면(퍼소나) 69, 70, 88,
가사(歌辭) 22, 24, 178, 195
각운 177, 178
감각기관 130, 131, 163
감각적 의미 129
강세 186
개념어 131, 141
개념적 의미 126, 134, 146
개성(개인) 15, 18, 20~27, 33, 46~48, 67, 69, 106, 116, 165, 181
개연성 40
개입(어조) 34, 64, 75, 138
객관론 36, 48~50, 53~56, 79
객체존대법 89
결합 49, 51, 55, 119~125, 128~135, 140~146, 159, 166
고전시가 22, 25, 177, 181
고전주의 116
공감 44, 56
공상 163
공화국 39
관찰(어조) 41, 82, 83, 85
교유(병치은유) 139, 158, 160, 162
교훈 43, 56
구조적 아이러니 96, 99
구조주의 51
극 19
극적 아이러니 96
근대 23
근대시 23
기대감(리듬) 184
기법 51, 68, 83, 91, 120, 124, 139, 173
기의 117~121, 124~130, 167~169, 185, 187, 190
기표 6, 10, 113, 117~120, 124, 125, 128, 129, 166~169, 172, 185
기호 117, 118, 120, 121, 127
- 관습성 117
- 자의성 117
꼼꼼하게 읽기 55

ㄴ

나(1인칭 대명사) 65, 69, 73
낭만적 아이러니 96, 97

낭만주의 16, 50, 69, 79, 96, 116, 165
낯설게 하기 145, 166, 199
낯설게 하기
- 기의 126~129
- 기표 166~173
- 소리 168, 173, 199
- 형태 166~169
내재율 181
내재적 관점 49
내포 독자 161, 62, 64
내포 시인 61, 62
논리어 131

ㄷ

당의정설 43
대화
- 시 읽기 71, 72
- 시 28, 31, 55, 62, 64, 72
- 시인과 독자 61, 62, 64, 71, 77, 78
- 일상 30, 63, 72
도보(산문) 139
동량 보격 180
동음이의어 172
동일성의 세계관 162, 165, 181
두운 177
등장성 179, 180 ,193, 195, 196

ㄹ

리듬 22, 49, 53, 86, 93, 120, 124, 125, 155, 167, 182~199

ㅁ

마디 180
말하는 주체 70
맥락(콘텍스트) 29, 30, 68, 72, 74, 75, 118
메시지 28, 29, 30, 120, 166
메타언어적 기능 30
모방 36~41, 46, 49, 52, 53, 56
- 묘사적 이미지 132, 134, 138, 139
- 패러디와 패스티시 106~111
모방론 36~38, 40~43, 53, 56
모순어법 100, 104
모호성 128, 142, 143
몰입(어조) 83, 85
묘사적 이미지 132~137, 159
무거운 음보 180
무목적의 합목적성 34, 41
무용(시) 139
무의미시 137~140
문법 118, 119, 123, 124, 141, 143
문학의 3대 장르 18
뮤즈 47, 48
미적 거리 83
미적 기능 30
미적 쾌감 56
미적 판단 33~35, 44

ㅂ

반동일성의 시 165
반복 16, 86, 124, 173
- 단어 192, 193, 175

- 발화 지속 간격 176~180
- 소리의 성질 173, 176~178, 184
- 속도 198
- 음보 178, 180, 193~197
- 음운 124, 192
- 이미지 143, 154, 155, 183
- 통사구문(구조) 103, 105, 190, 192~194

반어 95, 98
발신자 28~30, 55
변별적 요소 121
병치은유 139, 158~160, 162
보조관념 132, 145~155, 157, 158, 160~162
보편어 131
본질 39
비유 147
비유적 이미지 132, 140, 143, 145, 150
비인간화(어조) 83, 86

ㅅ

산문 13, 17, 25, 139, 165, 173~175, 179, 184
상상력 46, 47, 53, 67, 73, 137, 159, 160, 162~165
상징 46, 150
- 개인 155
- 관습적 153
- 문화 154
- 원형 154

서사 18~20, 139
서사학 51, 61
서정(시) 19~22
서정적 자아 69, 70
선택 51, 56, 63, 74, 118~124, 134, 143, 145, 166, 170, 174, 192
성조 186
소통모델 28~30
속도(리듬) 195~198
수사법 91, 97, 146
수신자 28~30, 55
순진함의 아이러니 95
시가(詩歌) 17, 22
시론 51, 54, 56, 57
시인추방론 39, 43, 47
시적 기능 117, 119, 120, 166
시적 자아 69, 71
시적 주체 70
시적 효과 136
시조 178, 180, 195
시치미 떼기의 아이러니 95
신비평 51, 92, 99, 165
심리적 거리 83
심리주의 48
심층적 역설 99, 100
심층적 태도 94
심층적 화자 92, 93, 96

ㅇ

아어적 시어관 116
아이러니 51, 84, 92~104, 106, 108
알라존 92~94, 96
알레고리 150, 154

압운 177, 178, 187
약호(code) 28~30, 118
양성모음 188, 189
어조 79~89
- 관찰 41, 82, 83, 85
- 개입 34, 64, 75, 138
- 몰입 83, 85
- 비인간화 83, 86
- 이중적 태도 91~98, 105, 106, 108
언어의 물질성 167, 168
언어의 형태 168~172
언어적 구조물 50~54, 68, 80, 90
언어적 아이러니(반어) 95, 96, 99
여성 화자 79
역사적 장르 21
역사주의 전기비평 48
역설 97~106, 108
연구개 비음 189
연상적 의미 126, 127, 148
연합적 관계 121~123
영감 37, 47, 48
예술가
- 교사 46
- 기술자 46
- 무당 47
- 천재 45, 46
예술의 비인간화 82
외재적 관점 49, 50
운문 17, 22, 173
운율 93, 124, 125, 173, 176, 177, 181~185
원관념 132, 145~147, 149, 154, 157~161
원시종합예술 15, 42
유기적 세계 164, 165
- 결합(구조물) 37, 53, 55, 68, 80, 90, 125, 164, 181, 190
- 조화 55, 165
- 통일성(체) 51
유사성(의 원리) 75, 122, 144~147, 151, 157, 159, 161, 163, 165, 169
율격 177, 178, 180, 181, 185, 194
율행 175, 197, 198
은유 46, 47, 51, 53, 93, 120, 122, 143~150, 156, 159, 164
음량 178, 184
음모방 173, 176, 187
음보 175, 178~180, 193~198
음보율 178~180, 193
음수율 178
음악성 116, 173
음운 121, 169
- 분절 음운 186
- 비분절 음운 186
음회화 173, 176
의성어 187, 188
의인법 146
의태어 187, 188
이데아 39, 40, 43, 46
이데올로기 79, 135
이론적 장르 18
이미지 25, 72~75, 129, 130
- 감각적 이미지 131, 134, 140

- 공감각적 이미지 131
- 원형 이미지 154
- 정신적 이미지 130
- 이미지의 그물망 134
인유(引喩) 107
인접성(의 원리) 122, 123, 139, 147, 151

ㅈ

자유시 25
자의성 117, 118
장단(長短) 186
재현 130, 133, 137
전경화 172, 177
접촉 28
정서적 거리 83
정서적 기능 29
정신분석학 48
정체성 70
정형률 25
제유 146, 147
제천의식 17
조음기관 189
조음방법 186, 189
조음위치 186, 189
조직적 폭력 176, 192, 199
존재론적 역설 100
주체
중성모방 108
지령적 기능
지배소 166
지시적 기능
지시적 의미 126
직유 146
질서감 173, 174, 177, 178, 183
집단의 노래 18, 21

ㅊ

천재 163
청각 이미지 118
청자 61, 80
층량 보격 180
치환은유 156, 160, 161, 162
친교적 기능 30

ㅋ

카타르시스 44
쾌와 불쾌 43

ㅌ

통사규칙 119
통사구문(구조) 103, 105, 190, 192~194
통합적 관계 122
통합체 124

ㅍ

패러디 91, 106~113
패스티시 106~113
퍼소나(가면) 207
포스트모더니즘 107
표절 109
표층적 역설 99, 100

표층적 태도 94
표층적 화자 96
표현론 36, 45, 46, 52, 53
풍자 91, 104, 105
플롯 56, 96
핍진성 40

ㅎ

한시 절구 177
함축성 116, 124
허구 67, 68
형상(아리스토텔레스) 39
형식주의 28, 30, 51, 120, 176
호흡률 181
혼성모방 108
화자 53, 61, 62, 64~73, 75~108, 133~135, 185
화제 80~87, 90, 185
환유 122, 123, 135~139, 146, 147, 151
활유법 146
회화성 116
효용론 36, 37, 41~45, 52, 53, 57
후장 음보 180

작품 색인

「가거든 가거라」(권환) 88
「고전」(오장환) 85
「곡자사」(이상화) 66
「구지가」 17, 22
「꽃」(김춘수) 110

「나는야 폴짝」(김민정) 115
「나의 하나님」(김춘수) 160
「냉정하신 하느님」(정현종) 101
「눈물」(김춘수) 155
「늪」(김춘수) 155
「님의 침묵」(한용운) 99

「디딤돌」(김춘수) 155

「먼 후일」(김소월) 100
「무등」(황지우) 171

「별」(김승희) 168
「비행기」(김기림) 156

『서정민요집』(워즈워드) 116
『서포만필』(김만중) 116
「서풍부」(김춘수) 190, 196, 198
『시경』(공자) 42
『시학』(아리스토텔레스) 67, 156
「심청전」 41

「오감도」(이상) 86
「오이디푸스」(소포클레스) 96
「우리 오빠와 화로」(임화) 88
「유리창」(정지용) 84
「응」(문정희) 169
『이온』(플라톤) 47
「인동 잎」(김춘수) 136

「장작불」(백무산) 88
「지하철 역에서」(에즈라 파운드) 159

「풀」(김수영) 154
「피뢰침」(최금진) 115

「황조가」(유리왕) 21
「후박나무 잎」(김교한) 158

동인지
<백조(白潮)> 25
<폐허> 25

인명 색인

공자 42
권환 88
김교한 158
김기림 156
김만중 116
김민정 116
김소월 100
김수영 154
김승희 168
김억 181
김준오 128, 165
김춘수 110, 155

문정희 169

성기옥 180, 195
소쉬르 50, 118
소크라테스 93, 94
소포클레스 96

아리스토텔레스 39, 40, 44, 47, 49, 56, 156
야콥슨 28, 144, 166
에이론 92
에이브람즈 35
에즈라 파운드 159
오규원 131
오르떼가 이 가세트 82, 90
오세영 180
오장환 85
워즈워드 116
윤석산 180
이광수 24
이상 25
이상화 25
임화 88

정지용 84
정현종 101
조동일 180
조창환 180
주요한 25

최금진 115
최남선 24

칸트 41

폴 발레리 139
플라톤 18, 39, 43, 47, 182
필립 휠라이트 127

한용운 99, 100
홍사용 25
황석우 24
황지우 171

윤지영

동의대학교 한국어문학과 부교수. 1995년 중앙일보 신춘문예 시부문에 당선되었으며 대학에서는 현대시 관련 강의 및 영화와 문학 관련 강의를 주로 하고 있다. 시집으로는 『물고기의 방』, 『굴광성 그 여자』가 있고, 평론집 『서정과 환상』, 연구서 『한국 현대시의 주체와 담론』와 『시와 마음읽기』 등을 집필했다.

현대시 읽기를 위한 이론

초판 1쇄 발행 _ 2018년 12월 31일

저 자 • 윤 지 영
발 행 인 • 정 현 걸
발 행 • 신 아 사
인 쇄 • 토탈프로세스
출판등록 • 1956년 1월 5일 (제9-52호)
주 소 • 서울시 은평구 통일로 59길 4(2F)
전 화 • 02)382-6411 · 팩스 02)382-6401
홈페이지 • www.shinasa.co.kr
E-MAIL • shinasa@daum.net

ISBN 978-89-8396-326-0 (93810)

정가 13,000원

이 저서는 교육부의 산업연계교육활성화선도대학(PRIME)사업 사업비를 지원받아 집필한 저서임